CARNETS D'UN JARDIN

ANNE-MARIE KOENIG

CARNETS D'UN JARDIN

BERNARD GRASSET
PARIS

Mon jardin

Mon jardin sort tout juste de l'enfance. Nous nous fréquentons, vaille que vaille, depuis à peine dix ans. Une décennie d'orages, de révoltes et de réconciliations. Lentement, des compromis s'établissent entre mes exigences, mes aberrations et les envies d'indépendance qui tenaillent mes plantes. Trop exigu, avec ses quelque deux mille mètres carrés, pour prétendre aux amples draperies d'un parc, ce terrain que je chagrine de mes caprices, auquel j'inflige cicatrice sur cicatrice, manque d'arrogance autant que moi d'expérience.

Je plante encore en fouillis, par saccades, foucades qui suivent le rêve d'un jardin idéal, retouché en permanence du bout de la binette ou en imagination, mélangeant allègrement jardin décoratif et potager. Plates-bandes de fraises et d'œillets pied à pied, bordures d'oseille, de thym et de corbeilles-d'argent, l'hibiscus se poussant du col pour dominer les stupides myrtilles, le forsythia chatouillant du doigt la raideur du laurier-sauce. L'habillage de printemps se décide à la tombée de l'automne. Le matin gouverne le carnet de route de la journée.

A l'heure où la lune cherche à se gommer, quand toutes les plantes unissent leurs forces pour déchirer la nuit puis basculent dans l'ivresse de survivre, pour un jour encore, à la grande angoisse du gris, quand tout se saoule d'humidité, je fais mon tour du jardin. Je sacrifie à l'obligatoire rituel de visites, salutations et confidences. Pas question alors de désherbage, bêchage ou brutalité d'aucune sorte. Se pencher d'une plante sur l'autre, féliciter des progrès, compatir aux dégâts de la nuit. Les oiseaux tirent leurs fils confus pour secouer les anthémis qui, ayant passé la nuit en posture d'adoration, tête levée et bras baissés, redressent enfin leurs pétales et pourlèchent leurs courbatures. Une tomate commence à rosir, un dahlia tergiverse avant de montrer sa couleur, les potirons ont encore pris de l'embonpoint, les pavots, les pivoines ou les roses exhibent des boutons gonflés à craquer. Je récapitule les besoins, les urgences. Plus tard, quand la fraîcheur du matin aura séché, je vaquerai aux tâches du jour, maladies à soigner, désirs à contenter. Et j'irai revoir, pour le plaisir, la petite goutte d'eau enchâssée dans le pendentif des cœurs-de-Marie, les ancolies toutes neuves, les ribambelles des lavatères.

Mais le matin, tout doux, voici l'heure des conversations, une veillée à l'envers : babillage au gré des rencontres sur les malaises, les régimes à suivre, les récriminations de mauvais voisinage, herbes grincheuses ou hargneuses, trop de lumière ici, trop d'ombrage ailleurs. Parfois les plantes cachent pudiquement leurs maladies, leurs bouderies, l'inadéquation de mes soins, leurs problèmes de croissance ou atteintes de l'âge. Parfois, perdant toute fierté, elles me laissent voir leur état lamentable. Entre elles et moi se tissent les complicités d'un vieux couple, quand il ne reste que l'indulgence, les faiblesses. J'aime cette idée d'un échange de gentillesses dans mes relations avec la terre, petits cadeaux, brimborions qui charrient plus de bonne volonté que d'efficacité. Si ce n'est un cache-col qu'on tricote, ce sera un paillis pour que l'hibiscus ne prenne pas froid cet hiver, une couche de feuilles mortes pour couvrir le fuchsia, un léger binage pour que le rosier respire mieux, un ramassage de limaces et d'escargots avant que leur insatiable gourmandise ne ronge les dahlias jusqu'au cœur. On gâte, on dorlote, on mélange un peu de fumier à la terre du jeune cerisier sans être sûre qu'il en ait vraiment besoin, on déverse de pleins arrosoirs d'eau sur des petits pois ravis de l'aubaine mais qui ne demandaient rien.

Le matin, la nature ne se méfie pas encore. Lavé des bruits de la veille, le jardin s'ébroue juste un peu et je musarde en le regardant préparer ses petites affaires de la journée au rythme des froissements d'ailes et de feuilles. Plus tard, l'harmonie se fissure, les lignes se durcissent et je ne l'entrevois plus que par bribes jusqu'au soir. Le jardin n'existe vraiment qu'aux premières et aux dernières heures, dans l'euphorie des traversées entre nuit et jour.

Quand je sors, les arbres se dépouillent des ultimes haillons nocturnes. Mal assuré, le soleil traînasse en coulisses derrière la pente du toit, encore brouillé de son réveil, fripé par l'humidité et la rosée qui s'attarde. Bientôt, il va occuper le devant de la scène et tout sécher. Je guette son parcours. S'il fait chaud, je devance sa progression en arrosant d'abord les cornichons qu'il vise en premier, puis les tomates et mes nouveaux rosiers. Quand il aura escaladé le sommet du toit, je m'occuperai des pâtissons encore à l'ombre. S'il fait froid, je l'exhorte à se dépêcher, j'ai les pieds mouillés, gelés et cette froidure me durera toute la journée.

Avant que celui-là décide ou non de sortir ses grandes pompes et ses fanfares, la préoccupation unanime consiste à guetter le ciel du coin de l'œil ou de l'aile, savoir s'il se fait laineux, s'il se peigne de longues griffes blanches et propres ou si on peut lui voir le bleu jusqu'au tréfonds. Ouvrira-t-on ou non ses pétales ? Volera-t-on bas ou haut ? Et moi, bêcherai-je ou taillerai-je ? Quand les premières trompettes du soleil chassent les doutes et dispersent un essaim de nuages, les oiseaux jouent à saute-mouton sur les râteaux de lumière avant qu'ils ne gagnent en force. Déjà la brume n'expire plus qu'un reste d'humidité. Les rayons l'épinglent, arrêtent sa danse folâtre, dégagent au pinceau des formes et des couleurs aux contours nets. Les fleurs tremblotent, bâillent dans leur bain de rosée, les traits encore hésitants, enfouies dans l'anonymat de la nuit, avant de se décider à émerger, clinquantes et mondaines.

Entre les parcelles de lumière et d'ombre, moins tranchées qu'au soir, l'air, mouillé et paresseux, garde pourtant la clarté d'une source. Ni les mots ni le temps ne s'y sont encore fait les dents. Dans cette heure-là, je suis chez moi. Oubliées les blessures et les fatigues, je me retrouve avec la même surprise dans cette drôle d'odeur de terre mouillée, transpiration d'herbes et d'arbres. Là-bas, tous les matins, j'ai rendez-vous avec un certain silence, le mien. Je voudrais qu'il n'y ait pas d'autres matins.

Les dahlias

Les dahlias se réveillent tôt, l'air hagard, ébouriffés et mal sortis des rêvasseries nocturnes. Ils n'ont pas encore secoué les gouttes de rosée lovées au creux des pétales et qui traînent, échappées d'un collier cassé. Ils n'ont pas encore mis au point cet air mignard, ces mines de petites filles endimanchées qu'ils prendront dans la journée. On les voit au saut de la nuit, roublards, ivres et mal assurés sur leurs tiges. Eh bien, on les chaperonnera de beaux et sévères tuteurs.

Je plante des dahlias dans tous les coins du jardin. En massifs, en rangs, en ronds, en désordre, aux angles du potager, derrière la mélisse et la verveine, au milieu des fraisiers, emmêlés à la sauge et à la sarriette : partout où l'œil a besoin de s'arrondir, de s'adoucir, de s'égayer, où le vert manque un peu de rire. Curieusement, ces plantes que l'on enterre et déterre tous les ans, des migrateurs en quelque sorte, semblent n'avoir jamais quitté leur place. Des indigènes aussi à leur aise que les bouillons blancs ou les aubépines. Leur exubérance atteint parfois la taille de petits arbustes. Ils me séduisent par leur fausse bonne santé, leurs trouées de couleurs.

Enfouies derrière un buisson de vulgaires dahlias roses pompons, des splendeurs jaunes m'éblouissent même quand je ne les vois que du coin de l'œil. Au soir, leur couleur vire au jaune d'or, jaune bronze. Ils transpirent alors un peu du soleil qu'ils ont bu toute la journée. De grosses fleurs, aux pétales roulés serré, effilés au bout, avec des nuances du foncé au clair partant du cœur jusqu'aux pointes. Ces fleurs de dahlias jaunes, on les dirait figées en pleine danse de derviche tourneur. Elles imitent les girandoles des feux d'artifice, les gerbes des fusées quand elles éclosent juste avant de retomber.

D'autres dahlias, les rouge profond, les velours sombres, s'enfouissent presque vers le noir, au regret de laisser échapper leur couleur au bout des pétales. Couleurs en entonnoir, de sang ou lie-de-vin, qui palpitent et refluent du centre. Couleurs parfois trop lourdes en haut des tiges molles et qui viennent s'affaisser, s'endormir un peu au ras du sol.

Je ne sais si les fleurs meurent d'amour, mais elles se languissent souvent. Des dahlias de bonne famille, belle prestance et riche couleur, exempts de limaces ou de quelconque pourriture, affichent sans raison des attitudes tragiques, se prennent de neurasthénie, exhibent de tels airs d'ennui et de bêtise qu'on les ignore. Ils ne suscitent qu'indifférence. Et voilà que, cueillis, joints en bouquets avec tels autres qu'ils affectionnaient en silence, ils se réveillent tout à coup, se redressent, s'animent, se passent du rose aux joues. Ravivés par une compagnie qui leur plaît, ils pétillent et se fardent de tout l'éclat des fleurs amoureuses. Il faudra, l'an prochain, planter ceux-là ensemble, respecter leurs affinités, les merveilleux jaunes et ces petits tendrons rouges aux pétales plus économes et raides, dont on dirait, quand ils font tapisserie dans leur coin, des vieilles filles en chaussures plates. Ils prennent, en amitié, un teint éclatant, une peau poudrée.

Pendant toute une saison, j'ai cru que mes dahlias dégénéraient. Mes plus belles plantes disparaissaient mystérieusement. Par contre, les plus laids, les buissonneux qui poussent tout en tiges et en feuilles pour ne consentir que quelques fleurs, roses et petites, se multipliaient tout aussi étrangement. J'en comptais une dizaine là où je croyais n'avoir qu'un pied. Certes, le fouillis se met si régulièrement dans mes bulbes que lorsque je divise les plus gros, à la plantation, je ne sais plus qui est qui. Mais enfin, ce dahlia rose aurait donc une telle vitalité ? Et quel méchant génie ou quel parasite s'acharnerait ainsi à faire mourir les plus beaux, ceux que j'affectionne ? J'ai longtemps pris ces envahisseurs roses pour des dégénérés, des mutants. L'inverse aurait été concevable : les splendeurs à grosses fleurs, à palette de peintre, ne seraient que des formes mutantes du vrai dahlia, ce rose-là, qui reprendrait ses effets personnels après une courte parade. Le mystère ne venait que de ma mauvaise gestion. Un dahlia ne dégénère pas. Le seul appauvrissement concerne les fleurs bicolores qui peuvent laisser tomber une de leurs couleurs au cours des saisons.

Cultiver un jardin consiste à torturer la nature, plus ou moins savamment. Donc je torture mes dahlias : je les ébourgeonne. En gardant le bouton terminal de chaque tige, je mutile d'un coup d'ongle ceux qui gonflent à côté. Ils poussent en général par trois, parfois quatre sur mes roses. Si on les laisse faire à leur guise, ils échelonnent leur floraison, mais avec toujours plus de parcimonie. Ne garder qu'un bouton promet une fleur unique, d'une ampleur qui fait comprendre qu'elle a mangé pour trois. Obliger les dahlias à faire éclore les plus grosses fleurs possibles, destinées à se faner aussi vite que les autres, paraît assez vain. J'aime malgré tout cette occupation, si légère et facile. C'est une des rares, au jardin, qui s'effectue à bonne hauteur. Ni courbée au ras du sol, ni en extension. J'ébourgeonne mes dahlias, de l'un à l'autre, tranquillement, sans sécateur ni brouette ni binette. Une des activités qui s'accorde le mieux avec la rêverie.

Vers novembre, mes dahlias déterrés, je les range laborieusement dans toutes sortes de cageots, cagettes, palettes ou paniers. Au début, j'ajoute des étiquettes. Et puis, le temps presse, les bulbes sont innombrables et je me laisse toujours distancer d'une saison à l'autre, comme si toutes les plantes se faisaient un malin plaisir de me démontrer mon incapacité. Les pieds, les tubercules, les oignons, les bulbes, les patates de dahlias s'amoncellent, bientôt il gèle, au diable les étiquettes ! Au printemps, je me rappellerai certainement la forme de tel ou tel, l'endroit où sont entreposés les violets, les bicolores ou les autres. Quand finit l'hivernage des dahlias, j'ai oublié depuis longtemps et il ne me reste plus qu'à supputer, planter au petit bonheur la chance. L'année prochaine, j'essaierai la méthode d'une dame voisine qui tricotait beaucoup. Un point dans le jardin, un point dans la maison. Elle gardait tous ces bouts de laine qui chutent des divers ouvrages et nouait chaque pied de dahlia d'une faveur à sa couleur. Encore me faudra-t-il trouver l'usage de toutes ces pelotes sans pour autant entrer en tricot.

Leur nom vient d'un Suédois, Dahl. Mais les trois premiers pieds de dahlias sont arrivés du Mexique, un beau jour de 1802. Au Muséum, on s'interrogea longtemps sur ces plantes avant d'avoir l'idée de les faire pousser en massifs décoratifs. Jusque-là, les Américains plantaient des dahlias pour en consommer les tubercules. J'ai essayé d'inciter les tubercules de mon jardin à faire le voyage inverse. Prenant quelques patates des plus laids, je les ai plongées sans coup férir dans l'eau bouillante, juste pour goûter. Des heures après, la fourchette ne s'y plantait toujours pas.

Depuis leur arrivée sur le continent, les dahlias prolifèrent dans tous les jardins. A partir de trois malheureux pieds, on a produit des centaines de variétés qui continuent à se diversifier tous les ans, suscitant des passions de collectionneurs. Multiplication miraculeuse, car un pied de dahlia divisé ne produira que d'identiques dahlias. C'est en semant que l'on obtient des variétés différentes. Chaque graine d'une même plante va pousser à sa manière, avec une nuance particulière de couleur et de forme. J'ai sacrifié ma manie de couper les fleurs fanées au fur et à mesure, pour voir à quoi ressemblent les graines de dahlias : je n'avais même jamais pensé que ces fleurs-là font des graines, ce pouvait n'être qu'un simple attrape-nigaud pour jardiniers amateurs. Elles grossissent en jolies boules hérissées, comme celles de l'ail ou du poireau.

Dahlias décoratifs, dahlias cactus, cactus dentelle, dahlias pompons, dahlias à fleurs simples, à fleurs d'anémones, à fleurs de camélias, à collerette, dahlias mignons, dahlias nains, nains doubles ou demi-nains, dahlias miniatures, je m'y perds. Comme toutes mes fleurs, je les connais avec ou sans nom, leur texture, leur comportement me sont des signes de reconnaissance suffisants. D'après la disposition des couleurs sur les pétales, ils seront panachés, striés, marginés, bordés, à couronne. Leur cœur se serrera en disque ou en nid d'abeille. Mais quand je les coupe, les ébourgeonne, les tuteurise ou leur brosse les limaces, leur nom officiel m'importe peu. J'aime simplement qu'ils soient en pleine forme. Un certain bonheur de saison.

Les potirons

A l'automne, les dimensions du jardin changent. Fanées, coupées, des plantes disparaissent. D'autres, épuisées par leurs graines, se sont affinées, aiguisées, étiolées. Des arbustes, discrets jusque-là, prennent une ampleur de montgolfière. Les équilibres sont bouleversés, les points de repère déplacés. Les pas musardent alors par d'autres chemins, les yeux se reposent ailleurs. Le vert s'efface et commence à s'éteindre. Les couleurs des asters, des dalhias, des cosmos prennent un éclat royal. Peut-être quelques tomates retardataires, des marguerites trompées par la pluie, des roses pressées, des phlox ou des épis de buddleias nostalgiques, les fragiles lampions des physalis lambinent-ils encore. Mais, surtout, arrachées les tiges des haricots, des petits pois, des maïs, les graminées parties et l'herbe enfin affaissée, éclatent soudain en soleils terre à terre les potirons.

C'est alors, vers octobre, qu'ils deviennent les rois du potager, luisants d'orgueil. Ils trônent au bout du jardin, on ne voit qu'eux, on marche à leur rencontre. Plus rien pour leur faire concurrence, les malices de verdure ont reflué, leur laissant la vedette. Depuis longtemps ils ont fini de grossir, de s'empâter, ils ne s'occupent plus que de se cajoler, de pourlécher leur couleur, parfaire leur chair avec l'égoïsme d'un chat. Ils restent, dans les dernières chaleurs, à lézarder, à s'épousseter de l'humidité. Ils se haussent avec les mimiques du soleil quand, l'été, l'astre s'élève au-dessus de la mer. Jaunes d'abord. Puis gonflant les joues comme un enfant capricieux, orange, rouges, cramoisis parfois. Certaines années, je les vois énormes et pâlots. D'autres fois, ils peinent à grossir, mais se maquillent en vermillon, en rouille foncé, s'enduisent de vernis ou s'amusent d'un réseau de veinules vertes, blanches. Question de chaleur peut-être, d'humidité, de provenance ou de qualité des graines, résultat de ces pincements anarchiques dont je les torture, ou de quoi d'autre ?

Très individualistes, assez bêtes et têtus, les potirons foncent où ça leur chante. L'un décide d'être gros, l'autre petit, l'un va partir à droite, l'autre à gauche. Celui-ci pète la santé, son voisin s'anémie. Ils rampent, ils grimpent, ils s'emmêlent, s'étouffent sans scrupules, poussent des bras de plusieurs mètres et des soupirs de contentement, s'assurent de toute façon un maximum de place. Certains se faufilent très loin, d'autres s'arrêtent au plus près. Des tentacules qui, chez moi, jouent à se cacher dans les fraisiers, à taquiner la citronnelle, à écraser les poireaux, à étrangler le céleri, à mortifier le thym ou les pâquerettes, à enjamber le myrte. Tous les ans, la croissance des citrouilles me prend par surprise. Je ne prévois jamais assez de place pour elles.

Elles gonflent d'innombrables petites billes jaunes. L'une ou l'autre disparaît un beau matin, tombée de langueur ou mangée par quelque bête. Quand elles deviennent définitivement potirons, ceux-là, grossissant de jour en jour, ont désormais choisi leur place et n'en délogeront plus, installant autour d'eux toute leur pagaille de vrilles, de feuilles et d'herbes jaunies, écrasées sous leur poids. Chacun son coin. La répartition de leur territoire est close. Alors, je les aide à sécher leur nid. Une tuile, une dalle, une jonchée de paille à poser délicatement sous leurs rondeurs pour les isoler du sol, éviter qu'ils ne pourrissent ou s'irritent, comme les fesses des nourrissons. Les potirons ne demandent en fait qu'à dormir en paix de leur interminable sieste.

Cucurbitacées. Leur nom m'enchante. Je ne me lasse pas de son roulis. Il invite à suivre des méandres polissons. Plutôt silhouette que nom, il est tout simplement ridicule. Le latin *cucurbita* désignait une courge : disons que la raillerie du mot perdure depuis les Latins. Pourtant, il s'y mêle une certaine dignité. Les cucurbitacées supportent vaillamment leur infirmité de baptême et tracent une carrière au-dessus des quolibets. Les syllabes s'enroulent sans mièvrerie, sans défaillance ni chute abrupte. On y sent tout à la fois l'allongement du concombre, la bedaine de la citrouille, la grâce gentille et butée de leurs vrilles, les voyages fantaisistes de leurs tiges. Bref, la circumnavigation des cucurbitacées.

Dans le détail, la grande tribu des cucurbitacées compte des centaines d'espèces aux noms, prénoms et surnoms plaisants : la gourde gougourde, le bonnet d'électeur, la sucrette, le giraumon turban, la coucourzelle, la gourde poire-à-poudre, le porte-manteau, la beurrière, la tasse-de-beurre, la gourde trompette, la courge brodée galeuse ; et la cohorte des mélopépon, pâtisson, patiron, potimarron, potiron mammouth, courge baleine, courge des Patagons, courge siphon, courge crochue, courge à la moelle...

Heureuses rescapées de quelque préhistoire maraîchère, les cucurbitacées paraissent émerger d'une ère de vie grouillante, exubérante, monstrueuse tant les formes, les couleurs, les ampleurs se cherchent en d'innombrables variétés. La planète leur appartient encore. Ils accordent leur taille à celle d'une petite friture, dans le cas des cornichons, ou bien, pour les potirons, à celle de cétacés qui pèsent dans les soixante kilos. Ils poussent avec une vitalité dévorante, une goinfrerie, à une telle vitesse qu'on les entend presque grossir. Un matin, des trompettes de fleurs jaunes propulsent de petites courgettes toutes fines, longues comme un doigt, tendres et pâles. Inoffensives. En quelques jours, elles atteignent la taille d'une matraque. Mentalité d'envahisseur. Une semaine sans les visiter, et les voilà énormes, repues et satisfaites. On dirait, ces monstrueuses limaces vertes, qu'elles s'étirent, mangent comme des malades et cherchent, qui sait, à tâter l'autre bout du potager. Parasites passifs et géants qui ne rentrent même plus dans un four. On peut toujours s'en débarrasser à l'aide de flans, beignets, gratins, consommés, ratatouilles, coupées en dés, en rondelles, en allumettes, réduites en pâtés, en purée, il en reste encore. Quant aux recettes pour essayer d'éliminer les potirons, elles remplissent des livres entiers, des menus complets, depuis les hors-d'œuvre jusqu'aux desserts et confitures. En omelettes, en soufflés, en tartes, en frites, en gratinées, en cakes... Mentalité d'envahisseurs, vous dis-je, et jusque sur la table.

Le vrai problème tient à leur nature généreuse. Comment venir à bout d'une douzaine de courgettes géantes, en sachant que d'autres lorgnent déjà la place pour venir s'étirer à leur tour ? Les cornichons, pauvres mignons, se conservent sagement dans leurs petits bocaux. Mais les courgettes, les pâtissons ? Les potirons, plus conciliants, se gardent jusqu'à trois ou quatre mois, sur de bonnes litières bien sèches. Quoiqu'ils se vengent dès qu'on les entame. Un potiron entaillé doit se consommer très vite, sinon il se dépêche de pourrir, en commençant sournoisement par les graines et les fibres de l'intérieur. Un potiron a les qualités et les défauts de l'inépuisable. A manger de la soupe tous les soirs, il faut bien deux ou trois semaines pour venir à bout d'une seule de ces bestioles. Alors on invente, c'est fou ce qu'on invente : le règne des cucurbitacées est celui de l'imagination.

Parmi les noms dont je fais mes délices, il y a celui du concombre sauteur, l'*Ecballium elaterium* : puces oblongues qu'il suffit d'effleurer pour qu'elles éclatent. Je n'en ai jamais vu et c'est mieux ainsi : sans doute ne font-ils que de tout petits sauts. Par contre, l'éponge végétale, le Luffa, escalade cette année avec une belle ardeur les barreaux d'une vieille échelle. Seul pied survivant de mon semis, il se venge en étirant des bras d'une longueur tout à fait imprévue. Fort satisfait, dirait-on, d'avoir étouffé les autres au berceau. Cette cucurbitacée-là ne se mange pas, Dieu merci, mais remplit merveilleusement l'office d'éponge de toilette. Couleur de pierre, le Luffa ressemble vaguement à ces pommes de pins sculptées qui ponctuent les rampes des perrons.

Et tant d'autres dont j'ai oublié le nom mais dont la forme paraît sortie d'un fantasme : cette courge vert sombre qui imite à s'y méprendre une massue moyenâgeuse, avec son long manche et la partie renflée hérissée de ces piquants qui devaient allégrement défigurer l'ennemi. N'est-ce pas celle qui figure sur les jeux de cartes espagnols ? Il y a aussi ces petites cucurbitacées, de la taille d'un poing, vertes, jaunes, rayées, parfois pustuleuses, avec ou sans piquants, les décoratives que je fais sécher en ribambelles de fête dans toutes les pièces et qui, parfois, perdues de honte sans doute, se ratatinent ou pourrissent et chutent avec un bruit mou.

Comme si le fruit n'était pas assez généreux en chair, on invente aussi d'en manger les fleurs. En Amérique latine, les cuisinières mijotent des ragoûts avec les fleurs de potiron, cuisinent des fleurs de courgette farcies. Une préparation aussi délicate que couture sur papier crépon. Une façon aussi de ne rien laisser perdre, puisqu'on utilise ainsi les fleurs stériles. Les ressources des cucurbitacées sont décidément illimitées. Malgré tout, il faut beaucoup de mètres carrés de potirons et une patience peu commune pour obtenir un kilo de fleurs.

Dans un autre coin du jardin, les pâtissons affectent plus de discrétion que les potirons. Ils ne rampent pas, dévorent moins d'espace et poussent en massifs. Leurs fruits aiment se cacher sous les feuilles, peut-être pour ne pas risquer leur teint si blanc au soleil. Peut-être aussi parce que leur forme de soucoupe dentelée, d'assiette à dessert, leur a suggéré une certaine fragilité que le moindre manque d'égards briserait. Cette année, mes pâtisssons boudent, petits et parcimonieux. Ils sont laids, ils sont malades. Leurs feuilles vertes s'étoilent de blanc, de taches pelucheuses qui s'étendent et mangent la couleur. On dirait qu'une lessive mal rincée s'est égouttée dessus. Sans doute le blanc, l'oïdium ou son cousin. L'endroit paraît certes mal choisi : un prunier y pleure tous ses déchets de prunes, de feuilles et de sève. De plus, en cette fin d'été-ci, le sous-sol se creuse de cavernes, de galeries. Sous une mince croûte de terre, les trous béent et les racines pendent désespérément dans le vide, prises de vertige. La signature des campagnols. A cause d'eux, mes pâtissons se font rares et rachitiques. L'année prochaine, j'enterrerai les graines ailleurs. Elles germent si gentiment, sans faire de manières, enfouies en pleine terre. Peut-être les sèmerai-je, là où j'ai déjà installé quelques potirons, à même le compost. Ces plantes sont d'une telle goinfrerie qu'elles épuisent le sol. Elles aiment se faire gaver de fumure.

Plus loin, les vrilles des potirons se nouent à celles du liseron, lequel en profite pour lancer ses tourbillons fous. Impossible, à ce stade, de les démêler, de désherber. Têtus et joyeux, les tortillons des citrouilles ne cessent de m'intriguer. Dans quel but malin se jettent-ils inlassablement à la tête de la première herbe venue ? Seules les plantes grimpantes, les parasites, celles qui se cherchent un tuteur pour monter plus vite, plus haut, développent des vrilles. Les cornichons, par exemple, je les plante de part et d'autre d'un léger grillage, ils grimpent tout seuls, avec légèreté, se hissent vers le soleil et c'est merveille. Les mignonnes petites vrilles s'accrochent dans les trous du grillage, les cornichons grossissent bien disciplinés, bien propres et n'occupent qu'un minimum de place.

Mais les potirons ? Imagine-t-on ces obèses, cloués au sol par leur poids, jouant aux cascadeurs ? Aucune tige, aucun support n'y résisterait. On les voit, rampant, soufflant, collés au sol, incapables de se soulever d'un pouce. Pourtant, ils font des vrilles. Elles s'enroulent, tressent des nœuds savants, frisent en ressorts, attrapent n'importe quoi au ras du sol, herbe, bouton d'or, ortie, pissenlit ou pied des buis. Peut-être ne sont-elles que des ancrages, de simples piquets de tente pour éviter à ce rondouillard de rouler par vent fort, de s'égarer trop loin en se prenant pour un ballon.

Cette année, j'ai essayé d'endiguer l'exubérance végétale des cucurbitacées et planifié leur occupation des sols. Certes, par endroits, leurs feuilles développent sur plusieurs mètres carrés une étendue verte sans trouée. Dessous, il pourrait y avoir une mare. Obstinément, j'ai planté des structures, posé des limites, étiré un grillage de deux mètres de haut pour les courges babeurres. Celles-ci s'amusent à traverser les espaces plats à toute allure pour filer dans les arbustes. J'en cueille jusque dans le noisetier, le cerisier, et les courges spaghettis envahissent le massif de sauge. Les poireaux, lamentables, se font étrangler au passage par toutes les vrilles assassines de je ne sais plus quoi.

Ma démission devant cette confusion permet au monstre de révéler son véritable caractère : contre toutes les lois de la nature, les potirons sont bien des plantes grimpantes. Ils ont sournoisement profité du fouillis pour assaillir le filet préposé aux babeurres. Des tiges ont réussi à gagner les hauteurs. Grasses, immenses, aussi épaisses que mon poignet, elles poussent des potirons tous les trente centimètres.

Chaque printemps, plus forte d'une nouvelle expérience, je crois avoir le dernier mot et entame sereinement la saison des cucurbitacées. J'ai essayé de pailler, sans succès. J'ai continué par des plastiques, trop petits, trop mal ajustés : les herbes poussent comme des folles aux coutures, émergent furieusement et avec d'autant plus de virulence qu'elles fuient l'asphyxie. Le plastique fait des poches, des rétentions d'eau, et mes citrouilles fessues frôlent la pourriture. J'ai poursuivi en posant sur le plastique des palettes de bois prolongées par des tuiles en descente douce. L'ensemble est d'un bel effet mais devient un peu compliqué, et il me semble qu'ainsi isolé le potiron a tendance à s'ennuyer. Qu'il grimpe donc, puisqu'il le veut !

Je pourrais limiter les vélléités expansionnistes des tiges en les pinçant, mais elles se ramifient à une telle vitesse que j'arrive toujours trop tard et taille au hasard. Ceux des potirons que j'ai ainsi amputés courent moins loin mais se vengent en multipliant leurs tiges et en devenant moins prolifiques. Enfin, il ne coûte rien de faire ici ou là un léger ménage, supprimer quelques bras, ne garder que deux citrouilles par pied. On peut n'en laisser qu'une, elle sera d'autant plus mafflue. Moi, je trouve mes potirons suffisamment bedonnants, je ne veux pas qu'ils défigurent mon jardin.

Pour faire fructifier au maximum les cucurbitacées rampantes, il suffit de marcotter certaines tiges, de façon que la plante émette d'autres racines et profite de plus d'humidité et de nourriture. Ne sachant plus, dans toutes ces reptations, quoi appartient à qui, j'ai recouvert au petit bonheur des tronçons de tiges avec de la terre fine. La plante repart en aval avec plus de verdeur et refait des potirons, ou d'autres courges : impossible de savoir avec certitude à quelle espèce de cucurbitacée appartient telle ou telle tige, tant elles s'emmêlent, s'accrochent les unes aux autres de toute la force de ces vrilles qui me fascinent encore, tournicotées comme les fils d'un téléphone. Je reconnais parfois les courges à la dentelure de leurs feuilles, à la couleur de leurs fleurs, la babeurre poussant des blanches là où le potiron fait des jaunes, mais l'identification ne dure que l'espace de la fleur, dix centimètres plus loin et l'imbroglio s'installe à nouveau.

Tout m'étonne dans les cucurbitacées. Elles ne paraissent ni de cette région ni de cette époque. Même leurs feuilles atteignent parfois la taille des nénuphars. D'une gamme de vert plus ou moins foncé, parfaitement imperméables, elles se prennent pour des parapluies. Je les arrose et elles sèchent en deux secondes. Plus aucune trace d'eau. Lisses, à peine luisantes : aucune goutte n'est passée par là. Par curiosité, je les ai douchées avec insistance. Elles n'ont jamais cédé : toujours impeccables et sèches.

Quand on ouvre un potiron, le cœur est creux, pelucheux et vide. Une caverne, un utérus filandreux où s'accrochent les graines. Cachette pour quelque gnome enfui, il ne fallut à la fée de Cendrillon qu'un mince travail d'imagination pour fantasmer la citrouille en un somptueux habitacle pour une princesse. Déserté de ses belles, en pantoufles ou non, ce nid vide paraît bien stupide. Comme si le potiron s'abusait lui-même, s'enroulant autour d'un noyau inexistant. On dirait que, plus il se gonfle à l'extérieur, plus il se vide à l'intérieur. Un leurre élaboré par quelque jardinier machiavélique.

La série courge ressemble à un jeu. Jeu de piste quand il faut les suivre pas à pas dans le dédale des noms, des formes, des inventions culinaires ou décoratives. Et surtout, les cucurbitacées ont cette allure fausse et brillante des jouets peints, en bois, en plâtre ou en pâte à modeler. Elles imitent, démesurément grossis, ces faux légumes ou faux fruits dont les enfants se servent pour jouer à la marchande. Mais qui donc s'est amusé à vernir cette écorce si lisse, ces couleurs si luisantes, si ce n'est quelque géant préhistorique pour tromper l'ennui de sa marmaille ?

Toujours courge, le genre gourde n'échappe pas à la torture, artistique cette fois. J'appelais coloquinte tout ce qui se voyait séché, enluminé ou non. En fait, dans la catégorie Courge bouteille, *Lagenaria*, on trouve aussi bien la calebasse, la gourde, la gougourde que la courge pèlerine. La première des gourdes, la courge pèlerine, pendait à la ceinture des pèlerins assoiffés. Matériau léger, entre vieux cuir et bois, formidable dans les bagages des voyageurs, qui se découpait aussi en louche, en cuiller ou en écumoire. Quant aux sculptures purement ornementales, elles sont innombrables, au gré de la fantaisie. Depuis les gourdes simplement séchées, gardées telles avec leurs taches et leurs méandres dans toutes les nuances du brun beige, calebasses et maracas, les autres pyrogravées ou peintes, jusqu'aux coloquintes creusées en boîtes, en lumignons, taillées en animaux, découpées en palmiers, torturées en bouddhas. Cet artisanat, de tradition niçoise, a ses champions : on ne devient pas cougourdonnier du jour au lendemain. Il faut des années pour acquérir le coup de main sûr, trancher l'écorce sans rature, la denteler au millimètre, l'enjoliver sans bavure. Il faut aussi trois saisons pour faire pousser et mûrir, des mois pour faire sécher.

Quand mes coloquintes seront mûres, j'en sélectionnerai quelques graines pour l'année prochaine. Le jardin est un plan à long terme. Aussi les jardiniers n'ont pas d'âge. Ou plutôt, ils ont un âge végétatif, en strates de mois ou de dizaines d'années, indifféremment.

Les cornichons

Quand se forment les potirons et se cueillent les courgettes commence la saison des cornichons. Interminable et monotone. De juillet jusqu'à septembre, les mêmes gestes quotidiens. Les cornichons frais cueillis du matin, à brosser, à emmailloter dans un linceul de gros sel. Les autres, ceux qui ont déjà dégorgé tout leur saoul, à laver et mettre en conserve. Je m'y ennuie parfois, et pourtant j'aime cet ennui.

Minuscule cucurbitacée, plante bâtarde qui, malgré sa petite taille, supporte le ridicule de ces noms en *C* avec la même sérénité que les géants de la famille, les cornichons ne sont que des condiments. Puisqu'on n'en retire pas la délectation des légumes goûteux cueillis-mangés-dans-la-journée, il faut croire que le plaisir des conserves motive autant que la gourmandise. L'alignement des bocaux, sur une étagère recèle quelque chose de profondément lent, incline à la rêverie. Une conserve, même de cornichons, évoque les temps à venir, un petit rempart moral contre de vagues malfaisances. Fermer un bocal, empiler des réserves, suscite l'image d'une saison rude, d'un froid redoutable, de mauvais jours contre lesquels la maisonnée est parée. Satisfaction d'une économie paysanne, fantasme enfantin d'une vie en autarcie. Désir et crainte qu'un jour une catastrophe puisse casser les liens avec la civilisation et le confort s'écrouler, ah ! alors, on aurait quand même de quoi se débrouiller. Les placards regorgent de conserves, fût-ce de cornichons.

Cette mutation des récoltes en bocaux est aussi une façon de redonner une grandeur aux saisons, de les sentir, les préparer, les digérer. Cette drôle de patience qui fait qu'une année redevient un cycle à une autre échelle, et pas seulement cet acheminement individuel et solitaire vers le terme de sa propre vie. Comme de planter un arbre, mettre des cornichons en conserves est un des actes les plus religieux qui soient.

Automne

Vient la fin de l'automne, le moment de planter les bulbes qui fleuriront au printemps, les tulipes, muscaris, jonquilles, iris, crocus ou narcisses. Elles ne sont guère hautes, ces fleurs, elles couvrent juste la terre. Toute la couleur alors monte du sol, les arbres ne sont pas encore feuillus, l'herbe à peine verte, d'un vert fragile et brillant qui ne sert que d'écrin, de reflet au jaune doré, au blanc crémeux, au violet velouté, au bleu délavé. A ce stade, toute la végétation se fait jeune et aguichante pour attraper la lumière, la piéger, la punaiser vers le bas pour qu'elle s'accroche, qu'elle gonfle, qu'elle lève avec les graines. Difficile, en automne, quand tout prend le chemin inverse, d'imaginer le printemps. On oublie toujours quelque arbuste qui fera de l'ombre, quelque plante qui s'étoffera, quelque légume qu'on sèmera, et toutes ces herbes follettes et ravageuses.

Le jour de la Toussaint, j'ai tracé, retourné, nettoyé une nouvelle plate-bande destinée aux fritillaires, aux ixias, aux freesias. Bulbes par poignées, aussi petits que des oignons grelots, aussi blancs et propres que des gousses d'ail, vendus dans des pochettes de résille en plastique avec, pour étiquette, une image splendide. Il s'agit d'une photo des fleurs futures, mais d'une masse de fleurs, heureuses, riantes, opulentes. Parfaites. Jamais sur ces illustrations les glaïeuls ni les tulipes ne se cassent, ne tombent, ne poussent dans tous les sens, ne s'étiolent ni ne se décolorent. Je vois déjà mon jardin éclatant, peuplé par enchantement de ces massifs aimables et conciliants.

Malheureusement, les fleurs poussent toujours plus pauvrettes, parcimonieuses, rachitiques et de caractère plutôt acariâtre, réclamant tuteurs, désherbage, arrosage, pincements et rafistolage imprévus. Boudeuses, quand elles ne disparaissent pas carrément, happées par quelque puissance souterraine. A y regarder de près, les bulbes achetés paraissent déjà moisis, malades ou hypocondriaques. D'autres fois, avant que la plante fleurisse, les feuilles se trouent, mangées, déchiquetées par de mystérieux insectes ou champignons prévenus de l'aubaine on ne sait comment.

J'ai donc pris l'habitude, pour me concilier les hasards de la croissance, de déposer sous chaque bulbe un minuscule oreiller de compost. Piécette pour l'au-delà. Mais c'est étrange comme tous ces rectangles de terre que je retourne me paraissent désormais prendre une allure de tombe. Cette terre fraîche et rehaussée, aux bords si nets, m'empoigne, et ce n'est pas dû uniquement à ce jour de Toussaint.

Depuis l'enterrement de ma chatte, la terre nue des

plates-bandes me rappelle son rôle de fossoyeuse. Toute blanche et chaude, si douce, la chatte avait vécu dix-sept ans avec moi. Je l'ai enterrée dans ce jardin et, au-dessus, j'ai planté un hibiscus bleu. La première morte à habiter ici. Chaque fois que je désherbe l'hibiscus, ou le taille, ou passe simplement à côté, je pense à ma chatte. Chaque fois, je me sens un peu plus âgée mais aussi plus ancrée quelque part. De penser à nos morts donne du poids à l'existence. Ils sont souvent loin, les miens sont ailleurs. Je me prends, comme en exil, à rêver d'un parc, ou du moins d'un petit cimetière qui aurait un air de jardin, où seraient enterrés tous ceux-là. Il me paraît difficile d'aimer une terre sans pouvoir y rattacher ses affections. Jeter ses racines quelque part demande aussi de pouvoir y jeter ses chagrins. Faut-il creuser une tombe pour appartenir vraiment à un lieu ? Chaque fois que je retourne un carré d'herbe pour y planter mes babioles, je crois que mes morts me manquent. Même les arbres pousseraient plus haut s'ils avaient un souvenir à recueillir.

Le désespoir-des-peintres

J'éprouve une grande tendresse pour des fleurs dont je ne connais pas le nom. Elles sont jolies, elles m'étonnent, elles s'accordent à mon humeur. Aucune nécessité de les nommer, puisque je n'en parle pas. Il s'établit une relation exclusive entre elles et moi. Elles portent le nom, vague et inexact, que je leur donne sans mots dans ma tête. J'appelle celles-ci soleils : elles n'en sont pas, elles n'ont pas les mêmes feuilles, ni la même attitude, les pétales partent en écarlate, continuent en orange et pointent en jaune. Juste une flèche jaune, et une fine bordure noire, un détour au crayon. De vrais soleils poussent plus loin. Impossible de les confondre. J'appelle soleils les unes et soleils les autres, je sais parfaitement lesquelles je me désigne, et cela me suffit.

Je laisse en blanc les noms que j'ai oubliés après les avoir sus. La présence babillante des fleurs suffit à me combler. Quand je les désherbe, les taille, les cueille, je les appelle d'une théorie d'adjectifs tout à fait satisfaisants. Celle-là-à-longue-tige-avec-ses-petites-clochettesbleu-violet-qui-fleurissent-et-se-fanent-successivement-en-commençant-par-le-haut, qui ressemble à une campanule mais n'en est pas une, je la nomme campanile, pourquoi pas ? J'ai tous les droits que donne la complicité, comme les mots forgés à l'occasion, en famille, entre amis, et que seuls les initiés comprennent. Je suis ma seule initiée.

A l'inverse, j'ai choisi et planté certaines fleurs pour la seule beauté de leur nom. Et je ne les ai jamais vues fleurir. Ainsi me séduisit le « désespoir-des-peintres ». Un nom pareil pousse à la curiosité. Sauf que, depuis trois ans, cette plante ne m'a fait cadeau d'aucune fleur. Pas une seule. Peut-être par dépit, manque de considération pour ses besoins, ses désirs, manque d'égards pour des quartiers de noblesse que j'ignore. Je l'ai plantée un peu vite, dans un bien vilain sol caillouteux et en plein soleil, parce que ce nom supposait des couleurs éclatantes, une vie tumultueuse et brûlante. Voilà, elle n'a pas fleuri, je lui trouve l'air aigri, pincé. J'aimerais croire que cette plante fait le désespoir des peintres justement parce que jamais n'y éclot aucune fleur quand l'artiste attend impatiemment, pinceau en main, qu'elle fleurisse. Il lui faut donc peindre une fleur imaginaire, mais vraisemblable.

Je voudrais bien autre chose que des mots pour dire les plantes. Ni écriture ni dessin, quelque chose qui serait tissé avec leur parfum, la légèreté de l'air, la gaieté folâtre de la rosée quand les fleurs relèvent la tête et que la couleur, l'odeur de la terre remplissent l'espace peut-être jusqu'à la lune, en tout cas jusque derrière la brume matinale. L'air alors est aquatique, prend une identité toute différente de la somme descriptive de ce qui y pousse. D'arbres en légumes, de pâquerettes en touffes d'orties, les plantes ne s'additionnent pas. Elles expriment juste une ambiance, une poussée vitale intimidante, une énergie primaire avec laquelle je me sens en harmonie, pour un instant.

Je manie des mots grossiers, mal taillés pour la délicatesse des feuilles, la fragilité nacrée des pétales. Mes mots s'arrêtent au bord, surcharge de mauvais goût, attifement de pacotille. Ils manquent de grâce pour parler de l'affolement d'un bourgeon, de l'émoi des renoncules quand elles s'ouvrent toutes ensemble. Aucune plante n'a besoin de mes phrases. Peut-être aussi manqué-je de la même aisance pour m'en occuper. Je connais si mal les plantes et depuis si peu de temps. C'est en quelque sorte un voyage de reconnaissance que je fais à tâtons.

Parfois, la rencontre entre une plante et son nom se produit inopinément. Il s'agit surtout des fleurs sauvages, celles que seule une enfance à la campagne permet de connaître, celles qui gênent les cultures du jardin et que la fréquentation des pépiniéristes laisse tout à fait dans l'ombre. Elles ont les plus jolis noms, les plus savoureux. Le jour où je comprends que telle drôle de plante que j'arrache régulièrement sans y prêter plus d'attention, mon Dieu, oui, c'est un bouillon-blanc, ou une belle-dame, ou l'herbe-à-Robert, ce jour-là me récompense d'une saison de courbatures. J'ai alors l'impression de lentement, lentement, regagner quelque chose, une place quelque part. Je passe mon admission au jardin, chez moi.

L'amour-en-cage

Plutôt que physalis ou alkékenge, je préfère son nom d'« amour-en-cage », aussi léger, aussi fragile que ses calices. Elle vient des régions chaudes d'Amérique et se plaît si bien ici qu'elle y pousse avec une belle allégresse. Un caractère de conquistador. Elle envahit, elle étouffe sans scrupules tous ses malheureux voisins, simples passants ou autochtones de vieille souche.

Moi, c'est le mien, de voisin, qui m'en avait fait cadeau, un jour qu'il arrachait pour cause d'envahissement. Cela ne ressemblait pas à grand-chose. Des bouts de tiges dures, ridiculement prolongées de racines en lambeaux. Je les ai plantés par curiosité, en les entourant de soins excessifs et inutiles. L'amour-en-cage a une telle soif de conquête qu'un rien lui suffit pour se fixer, allonger ses racines au su et au vu de tout le monde, et crever la terre un peu partout pour faire bondir ses rejets, les entrecroiser, jusqu'entre les pavés si nécessaire.

Il a poussé ses tiges un peu folles, parfois bien droites, parfois coudées, tournant, rampant de plus en plus loin avant de choisir le bon endroit d'où s'élancer. Il a poussé ses feuilles bien larges, bien foncées, jusqu'à occuper l'espace d'un tapis haut et touffu. Puis, il a montré ses fleurs, assez ingrates, petites et blanches, sans plus de finesse que celles de la pomme de terre. Des fleurs qui n'existent que par nécessité, juste une étape, une manière de ne pas inciter à la contemplation. Elles ne sont que de passage, ces fleurettes, l'épisode ingrat, le maillon obligé pour préparer la suite. L'intérêt de la pomme de terre ne réside pas dans la fleur, mais dans la patate. L'intérêt du physalis, ce n'est pas la fleur, mais le calice, cette fine membrane qui va faire au fruit un emballage de fête. Car ils apparaissent enfin. Tout petits, tout verts, moches et insignifiants au début. Et puis, à l'automne, au fur et à mesure que le jardin vide son trop-plein de vert, les amours-en-cage grossissent et absorbent toutes les palettes du soleil couchant, jaunissant d'abord, puis prenant la chaleur de l'orange et virant parfois jusqu'au vermillon. Pour leur laisser la vedette, les feuilles rabougrissent et se fanent. C'est l'époque si belle des potirons et des physalis. Ils gonflent, ils rassemblent toutes leurs forces et leurs couleurs pour faire reculer l'hiver.

Alors, on cueille les physalis. Leurs lampions en goguette ont le poids du vent, des décorations en papier crépon. La première année, je les ai fait sécher en les liant par bottes, tels quels, sans ôter les feuilles restantes. Les feuilles pourrissantes se sont collées aux calices, les déchirant et les salissant de traînées de terre. Un vrai carnage. Depuis je les débarrasse des feuilles, je ne cueille que les plus rouges, au fur et à mesure. Les amours-en-cage prennent leurs couleurs en partant du sol et les derniers calices sont les plus tardifs. Le lampion terminal se colore moins vite que les autres. Parfois je le supprime. Est-ce bien nécessaire de les faire sécher ? Ne vaut-il pas mieux attendre que, toutes feuilles tombées, ils sèchent sur pied ? J'ai essayé et ce ne fut pas la meilleure expérience. Si l'on tarde trop à les cueillir, ils se rongent d'impatience, ne laissant qu'une gaze de nervures marron, un filet à travers lequel on aperçoit le petit fruit rond quasi déshabillé. Ce qui leur a valu le surnom de « cerises-en-chemise ».

On les appelle aussi des « coquerets ». Je n'ai pas trouvé d'explication, je m'amuse avec des suppositions. Se pourrait-il que l'élégance discrète de mes lampions se compare avec l'arrogance vulgaire d'une crête de coq ? Mon chat, lui, se divertit l'hiver de leurs bouquets. Les petites lanternes qui balancent au moindre coup de patte et parfois se décrochent lui susurrent peut-être que le printemps va revenir.

Souci ?

Longtemps, le nom du souci m'a tracassée. Même son patronyme, *Calendula*, n'évoquait rien pour moi, sinon un vague cousinage avec un quelconque calendrier. Il dériverait en fait du mot calendes, le premier jour du mois pour les Romains : mon calendula fleurit et refleurit tous les mois, du moins les mois d'été.

Je croyais les soucis toujours jaunes, mais les miens sont d'un orange éclatant, presque fluorescent, si gais qu'ils répandent un air de moquerie, tournant en dérision les pauvres fleurettes pâlottes qui ont l'inconscience de pousser à côté. J'aime leur caractère, tout simple, d'heureuse fille de la campagne, leur robustesse. Pourquoi les appeler « soucis » alors qu'aucune fleur ne pousse, ne fleurit, ne se resème et ne chante avec autant de bonne volonté que celle-là ? A partir d'un pied, voilà tout un massif, une colonie qui s'éparpille dans l'euphorie. Ni le gel ni la sécheresse ni les mauvais soins ni les oublis ne l'abattent.

Molles, presque duveteuses, les tiges se couvrent de

boutons, tout du long, qui fleurissent en bon ordre, chacun son tour. Une année, ils essaimèrent tant et si bien qu'ils prolongèrent leur farandole jusque entre les pavés. J'en arrachai quelques-uns et les jetai négligemment sur un tas de mauvaises herbes. Bientôt ce monticule de déchets se mit à verdir, à pousser, et d'exubérants soucis fleurirent. Encore plus beaux, du plaisir sans doute d'une bonne farce. Ils aiment tant voyager, faire semblant de s'éclipser pour surgir ailleurs, que j'en découvre régulièrement à dix ou quinze mètres de leur lieu d'origine et jusque dans le potager. Ils ont raison : la terre y est plus accueillante.

On l'appelle souci, mais il rit jusqu'à l'automne. J'avais planté cette seule petite fleur, sans conviction et par manque de sympathie, dans un coin encore à l'abandon, rocailleux et triste. Une méfiance due à une grande ignorance et à ce nom douteux : souci. Il en a fait un des parterres les plus lumineux et les plus gentils qui soient. Pourtant, malgré sa rusticité bon enfant, le souci ne se laisse pas manipuler sans protester. D'abord son odeur, qui évoque celle du géranium ou des feuilles de tomates, me rebute un peu. Et, sous la torture, il se venge en stigmatisant les mains meurtrières d'un lait pernicieux qui vire en taches jaunes, puis brunes, et enfin noires. Le souci n'aime pas qu'on le cueille.

Certains disent qu'il vient de la Méditerranée. D'autres, de l'Europe australe. Loin d'être malvenu dans les jardins — les infusions de fleurs servaient d'antispasmodique et d'antivomitif — ses feuilles nettoyaient les coupures. Le souci soulageait les affections du foie ou la toux et faisait miroiter des propriétés vermifuges ainsi que celle, largement partagée, de soigner les verrues. En homéopathie, la teinture mère de calendula rentre dans des préparations pour ses vertus antiseptiques. Toutes ces bontés en font, avec le pissenlit, une des fleurs les plus précieuses du jardin.

Le souci ne manifeste aucune agressivité vis-à-vis des autres plantes. Elles tirent même tout bénéfice de sa proximité. L'odeur qui me répugne dégoûte aussi certains insectes. Son voisinage rassure les tomates qui, trouvant en sa compagnie plus de confort et de résistance, donnent de plus gros fruits. J'aimerais surprendre, au petit matin, une discussion entre tomates et soucis sur la ligne de défense à adopter pour la journée. Cette année, j'ai planté de fort mignons soucis d'Inde, rouges et jaunes alternés, entre les pieds de tomates. Les tomates pètent la santé et les fleurs sont du plus bel effet. On le dit formidable aussi pour soutenir le moral des pommes de terre dans leurs rangs, où il repousse implacablement les assauts de certains vers ou parasites. Et on l'appelle souci...

Ce vilain nom vient, et j'aurais dû m'en douter, d'une confusion. Souci dérive du latin *Solsequia*, « qui suit la course du soleil ». Ouf ! C'est sans doute de vampiriser le soleil sans répit que le souci tire sa couleur et sa vitalité. Il a bien raison de quitter les coins d'ombre où je l'avais si méchamment exilé.

Les lupins

Le lupin porte le nom de famille de « papilionacée ». J'avoue que l'analogie avec les ailes d'un papillon m'échappe encore. Les fleurettes des épis ressemblent à celles des petits pois, minuscules coquillages entrouverts, petites nacres bombées, goulues, dont on ne sait pas très bien si elles hésitent encore à s'ouvrir ou si elles viennent juste de se refermer.

Les lupins mettent toute leur délicatesse dans les coloris. Est-ce leur forme rigide qui les fait soupçonner d'avoir le goût bourgeois, strict et sans imagination ? Fort beaux de loin, quand ils se soutiennent l'un l'autre dans leurs dégradés de bleu, d'écarlate, de feu, de blanc crémeux, ils ont, à les regarder de près, quelque chose de triste et d'immobile, une existence vidée d'amour. On dirait que, tout à leur fragilité de pièce montée, ils n'attendent plus rien. Ils prennent garde, par habitude, que leur maquillage réussi ne coule pas. La poésie est derrière eux. Ils n'éclosent pas, ils montent en champignons chapeau pointu, en excroissances bariolées.

Malgré leur silhouette de grande perche endimanchée, pas bien futée, du genre à faire tapisserie, j'accorde aux lupins une petite curiosité. Ne serait-ce que pour leur appartenance aux papilionacées. Peut-être ne sont-ils qu'une variété ornementale, bien dégénérée, d'une espèce de petits pois. Des fins-de-race parfaitement inutiles. J'ai trouvé un jour de la farine de lupin, une farine jaune et lourde, pas franchement appétissante, plutôt une farine pour charançons. Les Egyptiens les cultivaient pour leurs graines qu'ils mangeaient cuites dans l'eau salée. Quoique poussant serrées en gousses, les graines de mes lupins paraissent bien trop minuscules pour constituer un plat nourrissant. En Italie, on cultive du lupin blanc en plante fourragère, broutée par les moutons, consommée en graines par les bœufs. Ce lupin-là pousse fort bien dans les sols pauvres et même les améliore en fournissant un excellent engrais. En Allemagne, le lupin jaune, plus résistant au froid, joue le même rôle. Je croirais volontiers que l'air morose et silencieux, pas très intelligent, de mes lupins vient tout simplement de ce qu'ils ont perdu leur fonction. Ils s'ennuient.

N'était son tapage de couleurs, on l'oublierait, le lupin. Il ne demande guère de soins, juste un peu de respect, pour fleurir tout l'été. Pas besoin d'un sol riche, d'arrosage, de taille, de pincement, traficotage de ci ou ça. Il se resème spontanément, avec une bonne grâce admirable. Le bouturer épargne les surprises : quand les graines proviennent d'un massif multicolore, les erreurs sur la couleur se produisent immanquablement.

J'avais gardé ainsi des graines que je croyais d'un

rouge lie-de-vin. Je les ai semées, elles ont germé, les lupins ont poussé, fleuri : tous blancs, d'un blanc de neige sale. Sans doute me suis-je trompée. Ou bien, en passant par mes mains, les graines auraient-elles perdu leurs couleurs, détroussées de la seule raison de vivre qui leur restait ? Peut-être les appelle-t-on des papilionacées pour cette raison que les ailes de papillon aussi perdent leurs couleurs d'être touchées.

J'ai arrêté mes expériences de semis. J'attends d'avoir une serre, une pépinière et une longue vieillesse, un temps parfaitement lisse pour m'accorder au leur.

Ma clématite

Ma clématite a bientôt huit ans. Elle va commencer à fleurir dans quelques jours. Des quantités de boutons pointent tout droit vers le ciel leurs drôles de larmes allongées, étirées, renflées à la base, d'un vert si tendre qu'il paraît transparent, avec de grosses rainures en relief. Bourgeons en main fermée, aux doigts filiformes qui petit à petit vont s'écarter comme une prière. Elle couvre presque le mur maintenant, décoiffée, folle d'elle-même et de tous ses fils qui nouent, piquent et repiquent les fleurs plates d'un impossible tissage.

Il lui aura fallu trois bonnes années pour s'adapter, s'implanter, bourgeonner, exploser. Trois années à se faire prier. D'abord une tige, juste une, pour le principe, qui ne faisait même pas mine de s'élever et retombait, prise de suffocation. Je l'avais pourtant plantée comme indiqué dans les manuels, « le pied à l'ombre et la tête au soleil ». Curieuse gymnastique, douteuse de prime abord, réalisable en ombrageant la base de la plante avec une poterie. Renversée par les chats, les oiseaux, les campagnols, refuge délectable de tous les escargots, les limaces, les perce-oreilles, ladite poterie chutait constamment. Ma clématite dépérissait toujours et le mur restait nu et gris. Jusqu'au jour où une voisine, apitoyée par mes lamentations et propriétaire d'une façade entièrement clématisée, me conseilla d'en garnir le pied d'une plante couvre-sol et me découpa la valeur d'un mouchoir dans la sienne.

Je l'ai plantée, par acquit de conscience ou par gratitude, sans trop y croire. Depuis, le couvre-sol s'étend et ma clématite, comblée par son édredon, multiplie ses mètres et ses mètres de tiges. Je lui ai fourni là, non seulement l'ombre adéquate pour son pied timide, mais surtout une compagne avec qui elle entre en affinité. Elle ne s'ennuie plus, ma clématite, elle bavarde, elle jette feuilles et fleurs comme une conversation ininterrompue, un babillage sans queue ni tête. Elle s'emmêle.

La clématite ponctue son bavardage d'incroyables nœuds, au gré de son imagination. Ce ne sont pas des vrilles qu'elle lance au vent pour harponner le premier support, mais de véritables tire-bouchons. Fascinée par sa toute récente vitalité, je n'osai d'abord y toucher et la laissai s'étoffer en fantaisie. Diabolique fantaisie. La filandreuse s'amassait en tas, en chignons, passant et repassant sur elle-même, bornée dans le même coin. Comme toutes les plantes parasites, il lui faut un support et une discipline. La clématite a un caractère follet, c'est son charme, mais la voici qui part n'importe comment, n'importe où. Au lieu de s'étirer pour profiter du soleil et de l'espace, elle se ramasse, se met en paquets, traficote son macramé à la va-vite. Elle aime se mettre en fouillis, la clématite, comme un chat qui, après avoir dévidé une pelote, tasserait tout ça en vrac pour faire croire à son innocence.

J'ai donc essayé, par endroits, de défaire son écheveau pour mieux l'aligner sur le mur. Un travail de dentellière. Elle entortille ses nœuds, bien serrés, entre trois feuilles, trois tiges, rendant quasiment impossible d'en extirper une sans casser l'autre. Les tiges, si souples, si malléables d'aspect, sont en fait, comme celles de la glycine, très fragiles, susceptibles, ce qui paraît étonnant quand on sait qu'elles s'utilisent en vannerie ou qu'on y taille des tuyaux de pipes. Peut-être ces clématites-là demandent-elles une autre éducation.

Tout en sourires maintenant, ma clématite étale de grandes fleurs plates, du printemps jusqu'à l'automne. La belle vient du Japon : elle en a gardé quelque chose, dans la simplicité de ses pétales, déjà prêts pour une épure, et la touche délicate, une ombre nacrée, des coloris. La mienne incruste son rose-mauve-violet sur fond crémeux. Désormais, je l'attache, délicatement, et j'ai appris à la tailler. De la coupe sévère que, découragée par ses serpentins, je lui avais infligée il y a deux ans, elle n'a gardé qu'une envie encore plus féroce de s'imposer. Depuis qu'elle cohabite avec son couvre-sol, elle ne réclame ni arrosage d'été ni protection d'hiver. Une fois qu'elle a décidé de s'épanouir, rien ne l'arrête, elle montre une vitalité époustouflante.

Ma clématite a déjà pris possession du mur entier, elle lorgne par-dessus. A mi-hauteur, un renfoncement traçait comme un chemin de ronde emprunté par les chats. Pour satisfaire et la faune et la flore, j'ai sommé ce renfoncement d'un grillage arrondi, voûté. Entièrement recouvert par la clématite, c'est désormais un charmant minitunnel de verdure. Les chats l'adorent. Ils y vont souvent, avec leur incorrigible manie d'écouter aux portes, de se délecter des potins que colportent mes plantes, surtout cette écervelée de clématite.

La pivoine

Mes premières plantations inclurent un pied de pivoines. La générosité un peu grasse de ces fleurs bien en chair qui s'alourdissent et ploient toujours gracieusement, leur bouquet courbé comme la chute d'une ronde enfantine, me réjouit. Elles ne cassent ni ne s'affalent. Les tiges s'arrondissent et prennent une silhouette de jupe à panier. Elles font de gros boutons ronds.

Ma pivoine prit tout son temps pour m'offrir son premier sourire. Elle mit plusieurs années avant de s'épanouir vraiment, de prendre cet air réjouissant de profusion. Longtemps je la vis chiche, rabougrie, avare de ses fleurs. L'avais-je mal plantée ? Trop au soleil ou trop à l'ombre ? Manquait-elle d'eau ou de chaleur, la boudeuse ? Peut-être se sentait-elle importunée par le voisinage du mûrier pleureur ? La terre en cet endroit du jardin n'est pas fameuse. J'aurais dû creuser plus profond, l'emmailloter d'un énorme cubage de terreau. Pour compenser, je grattais, binais, lui offrais quelques pelletées de compost.

Bref, je voyais les pivoines des autres jardins s'époumoner à gonfler fleur sur fleur, tandis que la mienne, dédaigneuse, me faisait compter les siennes sur les doigts d'une main, avec son petit air pincé. Une rétention de fleurs et de tiges, voilà ce qu'elle m'infligeait. Et puis, trois-quatre ans plus tard, quand je m'en désintéressai et la snobai à mon tour, elle commença à s'étoffer, à prendre son rythme, sans aucune raison.

J'ignorais alors l'extrême lenteur du rythme végétatif de la pivoine. Presque deux ans pour germer, sept ans pour la première fleur. Et, si l'on veut la greffer, il faut attendre encore sept ans. Une plante d'horticulteur, après avoir été celle des herboristes. Car, si décorative soit-elle, la pivoine eut son heure de gloire en médecine. On utilisait fleurs et racines contre la coqueluche, l'épilepsie, l'émotivité. Difficile de savoir si cette réputation de calmant est fondée sur une efficacité réelle, ou supposée, sur la bonne mine de la plante : il suffit de la regarder pour se détendre. Surtout quand elle fleurit.

Désormais, ma pivoine et moi vivons en bonne harmonie. Au printemps, je vois sans surprise ses petites turgescences roses, violines, pousser en épis, monter d'abord toutes raides avant de verdir et de s'assouplir pour la floraison. Chaque année, les tiges se font plus nombreuses et j'ai oublié le temps où je les comptais. Ce qui m'intrigue encore, c'est la curieuse attirance des fourmis pour cette plante. J'en vois toujours qui l'escaladent jusqu'en haut des boutons, sur toutes les tiges. Mais qu'y font-elles donc ? Peut-être lui chantent-elles doucement un certain bonheur de promenade. Ou bien raffolent-elles de son parfum et vont-elles, comme moi, simplement vérifier si, oui ou non, elles sont prêtes à éclore.

Les glaïeuls

Dans mon jardin, le temps se mesure en volumes. Celui des plantes qui végètent et occupent la même surface si longtemps qu'elles n'ont pas d'âge. Et celui des autres, celles qui d'année en année s'étoffent, mangent l'espace, prolifèrent et empiètent de plus en plus loin.

J'aime les plantes qui débordent, les plantes folles, celles qui rient de simplement éclore, qui pleurent d'autres jours, celles qui poussent en désordre, les farfelues, les désorganisées, celles qui demandent qu'on leur fiche la paix et rien d'autre, celles qui un jour attrapent une maladie, une sécheresse et un autre jour éclatent de santé. Les glaïeuls, eux, ont toujours l'air de se regarder le nombril.

Je n'ai pas encore compris leur charme, ou, du moins, j'y reste insensible. J'irai même plus loin : les glaïeuls m'énervent. Ils font partie de ces fleurs que je trouve aussi déplacées dans un jardin qu'à l'aise chez un fleuriste. Avec leur allure figée, mortifère, leur monotonie, leur dégaine de grande perche, les glaïeuls m'ennuient.

La seule surprise qu'on peut en attendre concerne la taille des fleurs. Un oignon planté : un glaïeul pousse, fleurit et se fane presque aussitôt. Point final. Ce sont des fleurs sans folie. Leur vie si bien réglée n'est plus qu'un présage de mort.

Les glaïeuls sont des décoratives, des ornementales. Leur structure même imite les harnachements rococo, les intérieurs surchargés de bibelots empilés sans goût. D'ailleurs, leur hampe ressemble déjà à un bibelot, épis aux corolles de plastique. De plus, les glaïeuls mettent un point d'honneur à vous enquiquiner. Incapables de se suffire à eux-mêmes, de se tenir droit sans aide, ils attendent qu'on les soutienne, qu'on les tuteurise, individuellement bien sûr. Un glaïeul, un tuteur, un glaïeul, un tuteur, etc. Une solution consiste à les planter en rond avec un tuteur, un seul, au milieu. Esthétiquement, le résultat me laisse perplexe. Les glaïeuls alors sont trop tassés, s'étouffent, réclament leur espace vital et, de toute façon, se débrouillent pour pencher d'un côté ou d'un autre, entraînant toute la bande. Les jardiniers pervers peuvent s'amuser à les embellir : pour que le glaïeul « profite », il faut arracher le bourgeon terminal, la petite fleur du haut. De toute façon, le glaïeul ne profite pas de grand-chose, il reste aussi laid.

Les glaïeuls se plantent au printemps, s'arrachent à l'automne, réclament abri pour leurs oignons et débarbouillage. Fichu travail encore. Décidément je n'aime pas les glaïeuls.

Ces fragiles idiotes seraient originaires du Cap. Les glaïeuls paraissent peut-être beaucoup plus jolis, moins déplacés là-bas. Ils auraient dû y rester. La preuve qu'ils détonnent par chez nous et ne s'adaptent pas au jardin, c'est qu'on ne les a affublés, du moins à ma connaissance, d'aucun surnom populaire. En tout cas, les miens, j'aimerais bien m'en débarrasser. Mais voilà : on m'avait offert les premiers bulbes et j'éprouve les plus grandes réticences à jeter une plante. Tous les ans, je les ai replantés. Jusqu'à cette année, où j'ai enfin eu le courage d'accomplir un forfait qui ressemble à un assassinat. Cet automne, j'ai fait semblant de ne pas les voir. Juste un oubli. Ils vont crever de froid, ces imbéciles.

Taupes et campagnols

Mes plantes parfois disparaissent mystérieusement, comme aspirées par des puissances souterraines ou emportées durant la nuit par quelque bestiole malfaisante. J'ai vu ainsi des artichauts quasiment se désagréger, avec un bel ensemble et du jour au lendemain. Une rhubarbe qui poussait dru se décomposa d'un seul coup et se mit à pourrir sur pied : celle que je plantai pour la remplacer subit le même sort. Parfois, les assassins sont pris en flagrant délit. Les taupes par exemple ont la franchise de signer leurs dégâts.

Les taupes de mon jardin, ni amies ni ennemies, ni encouragées ni chassées au début, me restent une énigme. La première année, quand le terrain n'était qu'une friche, elles se faisaient un malin plaisir d'envahir la moindre parcelle laborieusement retournée, de cloquer ma terre dans mon dos. Je ratissais, je tassais et ce devait les mettre en joie, elles recommençaient de plus belle, et de plus en plus nombreuses. Voulaient-elles donc la guerre ? Je me vengeai en tirant, à mon tour, profit de leur travail. La terre de leurs taupinières, parfaitement tamisée et ameublie, est excellente pour faire des semis. A condition d'en extraire tout d'abord les tuiles cassées ou tessons de verre qu'elles ramenaient à la surface. Mais comment diable s'y prenaient-elles pour ne pas se couper les pattes ? Je n'ai jamais remarqué de trace sanglante sur ces divers débris. Pourtant, une des multiples tortures inventées pour les exterminer consiste à remplir les abords de leurs galeries avec des débris de verre. Les miennes doivent être des supertaupes, gantées, cuirassées et indestructibles.

Bref, mes plantes si neuves, si fragiles et tant mignotées finissaient souvent par s'étioler sous les assauts des hordes de taupes. Les chats ne m'aidaient guère, ramenant de loin en loin un bébé taupe pour me bluffer quand ils rentraient bredouilles de la chasse aux souris. Noyer leurs galeries ne servait à rien, sinon à bien amollir la terre et donc à les attirer davantage. Et puis, j'ai bêtement constaté une évidence : les taupes inspectent tous les jours leurs souterrains, et tous les jours à la même heure. Il était dans les cinq heures de l'après-midi quand j'ai vu un monticule s'agiter. Le lendemain, j'étais là dès quatre heures et demie, binette en main, tout à fait immobile, assez sceptique malgré tout. Mais la taupe ne se méfie pas autant que je le pensais. La taupinière s'est mise à trembler. Et moi, j'ai tapé avec ma binette. Aveuglément. Vilainement. J'ai sorti de terre la taupe morte, encore toute molle, et jolie, jolie, le poil noir et doux, propre, luisant. Aussi innocente qu'une soyeuse petite peluche pour enfant. Mon écœurement me dure encore.

J'ai abandonné toute idée de pièges ou de tueries, laissant aux chats les joies de ces atrocités, et me suis contentée d'araser patiemment les taupinières au fur et à mesure de leur édification. Finalement les dégâts paraissent assez minimes. D'ailleurs, la taupe semblerait plutôt un animal utile, puisque certains pays la protègent. Elle se nourrit d'insectes et de vers, me débarrassant ainsi d'un bon poids de parasites, ceux que je ne vais pas chercher dans les profondeurs du sous-sol.

Je cohabitai ainsi cahin-caha avec mes petites bestioles quand, chez un marchand, je découvris une plante qualifiée d'« anti-taupes ». Il eût fallu en planter un pied tous les cinq mètres environ pour une totale efficacité mais enfin, m'assura-t-on, ces plantes prennent vite une belle envergure et se resèment. Leurs racines dégagent une odeur tellement répulsive qu'elle fait déguerpir illico toutes les taupes et leurs familles. J'achetai par curiosité une douzaine de pieds, judicieusement répartis aux coins des potagers ou des plates-bandes particulièrement attaquées. Ma merveilleuse trouvaille n'était en fait qu'une plante fort commune que j'identifiai plus tard dans un manuel quelconque. Et un ennemi bien vorace.

Déjà, l'année suivante, elle s'était multipliée par trois ou quatre. Très méthodique, elle pousse d'abord en hauteur, à plus d'un mètre, développant des feuilles parcimonieuses, longues, dures et presque bleues, imitant un peu les manières d'une plante grasse. Puis elle étale son sommet en ombelle très large, un bon mètre aussi de diamètre. Enfin, elle fait ses graines et les expédie au rythme d'une canonnade. Un jour que je coupais des roses fanées, j'entendis des claquements secs, répétés. A plusieurs reprises, je sentis quelque chose me piquer la joue. Peut-être un insecte agacé. Puis, j'ai cerné ce curieux bruit : les plantes antitaupes tiraillent à bout portant. Leurs réserves à mitraille, disposées comme sur une girouette, arrosent les pourtours de graines jusqu'à plusieurs mètres. Ce sont des plantes très belliqueuses et je crains de devoir le devenir aussi. Des plantes antitaupes de troisième ou quatrième génération poussent un peu partout en avant-garde isolée ou en rangs, presque en bataillon. Je les ai reconnues dans un jardinet voisin et abandonné, complètement maîtresses du terrain. Non contentes de conquérir mon jardin, elles montrent une méchanceté vicieuse en émettant un suc très urticant.

Quant aux taupes, je n'en vois plus guère, il est vrai. Mais, le jardin gagnant tous les ans un équilibre, une certaine sérénité, il peut ne s'agir que d'une coïncidence. Fini le grand remue-ménage du début, la bousculade et l'affolement, des coccinelles de plus en plus nombreuses, des oiseaux, des plantes sauvages comme le pavot ou le bouillon-blanc viennent ou reviennent s'installer. Faune et flore redoutent pareillement les excès. J'ai commencé par introduire un bouleversement dans ce qui n'était qu'orties, ronces et gravats. Un endroit mal habité. Puis les lieux se sont faits doux et accueillants. Même les parasites et les maladies paraissent moins pugnaces. Moi aussi, je les accepte mieux, j'essaie de canaliser plutôt que de contraindre. Parfois, le résultat me réjouit, parfois, c'est la grande désillusion. Il me manque des générations d'expérience.

Les taupinières se sont raréfiées. Une par ci, une par là, rien qui appelle des sévices. J'éprouve maintenant, en même temps qu'un léger amusement, une sympathie pour les taupes. Pour tout avouer, le problème s'est déplacé sur les campagnols.

Les campagnols, dit-on, utilisent parfois les galeries de taupes. Des galeries vraisemblablement abandonnées, car on imagine mal la circulation de deux espèces différentes dans ces étroits couloirs sans police ni règles de préséance. Les uns ont dû chasser les autres, s'installant d'autorité, les campagnols refoulant les taupes avec l'énergie des sans-abri. Mes plantes antitaupes, d'une efficacité nulle, ne seraient pour rien dans leur départ. A moins que, rebutées par celles-ci, les taupes n'aient d'abord déserté, laissant le champ libre aux campagnols qui se seraient alors rués pour squatter en masse. Au-delà du mystère de leur installation, ce qui est sûr, c'est que les campagnols se moquent de cette odeur-là. D'ailleurs, sont-ce bien des campagnols ?

Le sous-sol du jardin grouille d'une population aussi diverse qu'incompréhensible. Les étages inférieurs sont surpeuplés. De plus ils se complètent, se parasitent, s'entrecroisent. De minuscules chenilles, des limaces, des araignées rouges. Des animaux qui habitent là, d'autres qui ne font que passer ou ceux qui s'y cachent avant l'âge adulte. Et puis, tous ceux qui n'apparaissent qu'aux rubriques « ennemis de ceci, ennemis de cela », mais qui restent invisibles. Sans parler des vers de terre, des vers blancs, des taupins, des vers fils de fer. Dans le gabarit supérieur existent donc ces animaux tout aussi invisibles, mais qui s'installent, creusent sans relâche, prolifèrent sans vergogne, s'étendent en colonisateurs souterrains et laissent des traces en surface. Les taupes bien sûr, et peut-être des rats, des mulots, et ceux-là, mes ennemis jurés, présents partout, que je baptise campagnols. Mon voisin les appelle des quatre-dents.

S'il s'agit bien de campagnols, ils auraient donc quatre dents, là où les autres en montreraient moins, ou plus, je ne sais pas. Quand les chats attrapent un rongeur, je n'ai le temps ni l'envie de lui compter les dents. Puisque me voilà réconciliée avec les taupes, je trouve tous les défauts du monde aux quatre-dents.

Ils m'ont fait cette année des dégâts monstrueux. De plus, ils agissent en sournois, ils font leur travail de sape en douce, sans que l'on décèle leur présence. Pas de drapeau, d'honnêtes taupinières, de ces petits tumulus tendres et friables en terre labourée, fraîchement tamisée, sympathiques au fond, mais des plates-bandes entières d'innocentes fleurs et de légumes agonisants, les racines prises de vertige dans le vide des galeries. Partout, la terre crevée comme gruyère, minée sous la surface. Une bande d'hypocrites ! Et puis ils prolifèrent effroyablement. Dépassant le stade des familles nombreuses, ils doivent vivre au moins en tribus, en sociétés, peut-être même en nations.

Campagnols ou quatre-dents, en tout cas, ce sont des rongeurs. Sans doute ressemblent-ils à des musaraignes ou à des mulots. Ils rêvent à de drôles de jeux. Mais un rongeur, ça ronge quoi ? Ces rongeurs-ci manifestent une prédilection pour les racines de mes plantes, fleurs, légumes ou arbustes indistinctement. En sournois. Pourquoi s'inquiéterait-on de ces trous sans dégâts apparents, ni terre rejetée autour, aucun signe qu'un minicataclysme se prépare ? « Tiens, un trou... », puis un autre, cinquante centimètres plus loin, et encore un autre. Les trous se succèdent comme une ligne pointillée, une idée fixe, une lubie de la nature. Et l'on observe alors que tous ces drôles d'accrocs, d'allure aussi inoffensive que des traces de piquets, se concentrent de préférence dans la terre tendre, les coins amoureusement bêchés, binés, sarclés, là où l'on a planté des rosiers par exemple.

Je donne un léger coup de sonde avec la binette, au pied du rosier, pour voir. Et je vois. Je tombe dans une caverne camouflée, une grotte recouverte sur le dessus, dont n'est visible que ce petit trou d'aération, pour la cheminée sans doute. Gentille attention que cette dissimulation, cela épargne le choc psychologique. Il faudrait savoir s'arrêter là, museler sa curiosité. Car poursuivre les investigations ne conduit qu'au désespoir. Tout le terrain est miné. La terre ne présente plus qu'un décor, un faux-semblant, un trompe-l'œil. Quand les plantes dépérissaient, on accusait la sécheresse, le froid, la maladie, une langueur, toutes choses remédiables. Mais non, elles s'évanouissaient de vertige.

Sous leurs pieds, les plantes n'ont plus rien. Les racines pendent dans le vide comme jambons au plafond, réserve de nourriture pour ces affamés qui en grignotent un bout par ci, un bout par là, pour se donner du cœur à l'ouvrage. Toutes les plantes y passent, les dahlias, les tomates, les rosiers, les myrtilles,

les fraises, les potirons, les courgettes, les lobélies, l'hibiscus, les pâtissons, les digitales... Toutes. Toutes ces plantes jeunes ou fragiles que j'ai protégées, arrosées, pour qui j'ai attendri la terre, arraché les mauvaises herbes. Outre leurs impardonnables défauts, ce sont aussi de gros paresseux, les campagnols.

La terre alentour est très sèche et dure. Je ne sais pas si les quatre-dents creusent avec leurs griffes ou leur fameux quatuor dentaire, mais ils trouvent manifestement le sol trop pénible à fouiller. Cela leur paraît beaucoup plus commode, à ces feignasses, d'aller pelleter là où je leur ai déjà mâché le travail. Et ils engraissent, au fond de leurs appartements douillets. Je leur déclarerais la guerre, si je savais quelle arme choisir.

Mon lilas

La vraie structure du jardin, son architecture, lui sont données par les arbres. Piliers d'un espace imaginaire, ils l'ordonnent horizontalement et verticalement, ils esquissent d'invisibles voûtes, découpent le ciel en souples chicanes. Les arbres montent le sillage de la terre dans le ciel. Que sont les constructions humaines sinon la jonction concrète de lignes suggérées par les arbres ? Même morts, ils marquent leur place et je ne peux me résoudre à les abattre.

Mon lilas meurt. Je l'ai pourtant taillé à la bonne saison. Mais les branches les plus grosses, les plus basses, les plus anciennes, se dessèchent. Elles se couvrent d'une mousse grise et cassante, ne font plus ni feuilles ni fleurs. Peut-être l'ai-je blessé en le taillant, quoique j'aie pris grand soin de ne couper que les branches déjà laides et infirmes. Il se meurt, mon bel arbre. De chagrin, de maladie ou de vieillesse. Les arbres ont un âge, une espérance de vie moyenne pour chaque espèce. Il suffit que cette durée de vie excède la nôtre pour qu'on les croie immortels. On se voit planter pour l'éternité.

Je ne connais pas la durée de vie du lilas. Je commets l'erreur de le traiter comme un arbre là où il aime vivre en massif. Il n'a pas dû apprécier mes manières draconiennes quand j'ai éliminé toutes ces pousses qui se pressaient autour du plus gros tronc. Les lilas poussent en buissons, font des rejets partout, groupés sous la protection des plus âgés. Pourquoi les ai-je arrachés ? Une telle frénésie de reproduction signifie une urgence, une durée de vie fort brève. Une fragilité quelque part. Les pruniers aussi poussent à la va-vite, n'importe où, font surgir des tiges droites, pressées de s'élever et dures à extirper, noyaux germés des années précédentes ou jaillissement nerveux des racines.

De mon lilas, j'aimais surtout ces branches-là, qu'il va falloir couper, désormais toutes grises et cassantes. Très longues et courbées, elles prenaient la forme d'un horizon, suivaient la voûte d'un autre ciel. Elles dessinaient un espace différent, appelant à s'y asseoir, au printemps, quand le lilas fleurissait et surtout quand il commençait à se faner. Il répandait alors une odeur plus écœurante, acide et douce à la fois. Au moindre mouvement d'air, au plus petit oiseau, au moindre insecte, les pétales blancs, si minuscules qu'ils ressemblent plutôt à des éclats de pétales, voletaient. Ils s'accrochaient dans les cheveux, les habits, et l'herbe s'enneigeait. En fait chacun de ces pétales est une fleur miniature. Des dizaines, des centaines pour former une grappe. Cette surcharge leur donne une lourdeur, une opulence presque vulgaire.

Plus jeunes sans doute, les autres branches filent en hauteur, toutes fières de leur légèreté, follettes et maigrelettes qui ne portent pas encore de fleurs et s'alourdiront avec la fécondité. Quelques-unes de celles-là deviennent aussi du bois mort. Par sympathie pour les anciennes ou par le même cancer.

L'espace dans lequel poussait ce lilas lui allait si bien qu'à l'évidence il l'avait modifié, façonné lui-même. Il s'était joliment installé au sommet d'un discret monticule, une pente douce à peine perceptible. Ses racines, en le hissant, ont aussi hissé la terre, et la pente du sol reflétait exactement l'arrondi des branches. C'était comme leur ombre, comme si la terre en bas aspirait au même ciel. Le terrain traçait un ovale que les pas suivaient instinctivement. J'avais toujours projeté d'en souligner le contour par une allée. Un marquage autoritaire, artificiel et stupide, tout à fait superflu : mon lilas n'avait pas besoin de chemin autour, de cicatrice ni de platesbandes. L'harmonie était parfaite.

J'en parle au passé. Mais l'harmonie est toujours là, et mon lilas aussi. Je ne me décide pas à l'abattre, ni même à couper les branches mortes. Je vais d'abord laisser libre cours à son envie de bosquet, de fouillis, qu'il fasse tous les rejetons qu'il veut. Je ne l'amputerai que lorsque les jeunes tiges seront devenues adultes, grandes et fortes et qu'elles auront pris, par miracle, la même forme que le vieux lilas. Je refuse de voir cet espace vide.

Tempête

Un automne, la tempête s'est abattue sur mon jardin. Le terme « tempête » m'amuse. Il m'évoque plutôt la mer, des vagues hautes comme des collines, déferlant partout sur le champ bombardé de l'eau dans le même noir en haut et en bas, toutes dimensions confondues pour n'en faire plus qu'une, ronde et cinglante.

Mon jardin est loin de la mer. Mais que dire ? Parler de vent violent minimise cette crise hystérique de la nature, ses cris sauvages, l'air devenu meute de chats cinglés, griffant, hurlant, acharnés à tout détruire. L'inquiétude, comme lors des orages, se mêle d'exaltation, avec le désir sous-jacent que la catastrophe tourne au cataclysme, qu'un souffle grandiose bouscule un peu les frontières du quotidien. A lutter contre l'anéantissement vient la certitude qu'il y a la vie. Le moindre arbuste s'agrippe de tous ses ongles dans la terre, se laisse tourmenter sans lâcher.

Se mêle aussi un sentiment d'inutilité, l'agacement de ne pas joindre ses forces à la résistance, le regret douillet de suivre la progression des dégâts derrière les fenêtres. Cet immense sapin là-bas oscille en prenant une amplitude encore insoupçonnée. Va-t-il chuter d'un bloc, sectionnant à coup sûr un réseau de fils électriques ou téléphoniques, incompréhensibles, certes, mais dont le destin n'est certainement pas de recevoir un tel poids ? Cet arbre est si grand qu'en tombant sa cime atteindrait la maison. Ou bien va-t-il se casser, la tête fracturée comme un mât de navire, prenant la pose pour une photo témoin du désastre ? Dans le champ de vision passe une tôle, toute raide, transformée en arme impitoyable, fière comme un radeau dans les airs, tapis volant des bidonvilles. Des tuiles dégringolent du toit, d'abord quelques-unes, puis tout un pan. Barouf de vaisselle cassée. Scène de ménage entre la terre et le ciel. Peut-être l'un des deux va-t-il prendre le large.

A la tempête succède un curieux silence, encore bourdonnant de colère et de fatigue. La terre lèche ses plaies, trop abasourdie pour se plaindre. On dresse la liste des dégâts. Toutes les petites choses à rafistoler minutieusement, avec cette impression de ravaudage, pour recréer un équilibre qu'on vient de voir si fragile et qui va pourtant demander tant de travail. Le vent démolit avec panache : un grand drame écrit par un grand auteur. Les réparations, elles, se font en petit, tout petit, péniblement, mauvais gribouillis d'auteurs médiocres, fil de fer, colle, clous, marteau, détail après détail qui vont prendre longtemps. De jeunes tendrons d'arbustes penchent comme si un tapis de vent les écrasait encore. Quelques branches cassées pendent aux arbres. Il va falloir scier, redresser, tuteurer, amarrer. Des tuiles neuves vont boucher les trous dans la tapisserie des toits.

Dans le fond du jardin, des arbres sont renversés, des vieux, guère élevés mais dont le tronc épais se couvrait de lierre. Leurs racines battent l'air. Ce qui choque d'abord, ce n'est pas tant l'arbre abattu que la nudité de l'espace où il se tenait. L'endroit est dépouillé, le jardin paraît affaissé, vulnérable. Comme un mort de théâtre aurait entraîné un rideau dans sa chute, les arbres ont déchiré la terre avec eux. D'énormes mottes se serrent en boules dans les racines, solidaires de cette masse prise de vertige.

Ce n'étaient pas de bien beaux arbres, sureaux, vieux pruniers, les avais-je seulement regardés ? En essayant de les déplacer, on a vu que le bois était friable, les racines pourries. Ils seraient morts de toute façon. Mais ils seraient morts debout, lentement. Ils se seraient désincarnés, se faisant plus légers, plus gris, tournant doucement au fantôme d'arbre. Ils me tiraient des lignes d'horizon bien à eux, particulières, ils avaient leur place dans l'harmonie que je croyais tracer, les hauteurs, les cadrages visuels. En fait, les arbres figurent les points cardinaux d'un espace. Qu'un seul manque, et l'ensemble du jardin se déboussole, perd ses appuis.

Mortellement blessé, un arbre se tenait encore debout. Mais la terre montait, se fendillait, se crevassait tout autour. On aurait dit qu'une gigantesque taupe œuvrait là-dessous. Ou l'amorce d'un tremblement de terre. C'est en regardant le sol que j'ai compris : l'arbre, même debout, n'avait plus que l'apparence d'un arbre, il était déjà mort, bel et bien déraciné, soutenu peut-être par de simples fils d'araignée.

Les uns après les autres, ces arbres seront remplacés par

des jeunes, de ces tiges frêles, à peine des troncs, qu'une seule main peut encercler, qui ne font pas d'ombre ni n'abritent les oiseaux, qui n'ont quasiment pas de feuilles à perdre en hiver. Quand on les plante, ils portent un nom d'espèce, abstrait et dénué d'affection. Ils n'ont pas encore d'histoire, aucun souvenir à leur accrocher ou leur inventer, pas de nom personnel, d'instants d'émotion. Il faut des dizaines d'années, sinon des centaines, pour qu'un arbre gagne sa qualité d'arbre et parfois sa promotion jusqu'au grade de « tutélaire ».

Les miens, mes déracinés, n'avaient rien de tutélaire. Tout au fond du jardin, ils se serraient les coudes, issus sans doute d'une ancienne haie vive laissée sans soin depuis fort longtemps, arbrisseaux rustiques, sureaux, noisetiers, pruniers ou épines-noires aux branches emmêlées ou patiemment tressées. Laissés à l'abandon, les arbustes montés en graine devinrent arbres, d'autres périclitèrent, les branches se démêlèrent, des rejetons poussèrent un peu plus loin, devant, derrière, détruisant l'alignement et fabriquant pour moi une génération de troncs sauvages, couverts de lierre, heureux de leur désordre.

C'est fini. Il en reste quelques-uns, mais je les trouve maintenant bien laids, trop espacés. Et je ne leur fais plus confiance : je les soupçonne d'être, eux aussi, sournoisement en train de pourrir leurs racines. Je vais alterner les nouveaux arbustes avec des aubépines, remodeler une haie pour les oiseaux.

Rêves d'arbres

Longtemps j'ai hésité à planter un arbre à sang lent, un futur centenaire. Je rêvais d'un mastodonte, orme ou noyer. Mais, une fois grands, ces arbres mangent le ciel et mon jardin est petit. Où le soleil irait-il s'étendre alors, pour rassassier mes légumes et gonfler les couleurs de mes fleurs ? Parfois, prévoir à long terme c'est aussi imaginer que les gens changent mais pas leurs désirs. Et puis, planter des arbres fruitiers, se réjouir des récoltes, cela mérite bien de sacrifier les escalades hypothétiques des générations futures.

J'ai donc laissé passer les années en plantant des compromis. Pêcher toujours malade, ravagé par la cloque, laid à en pleurer et qu'il a fallu se résoudre à abattre, par pitié. Poirier qui n'engraisse pas malgré l'âge et qui consent à me faire dédaigneusement une dizaine de poires, tandis que ses congénères, trop jeunes, n'ont pas encore fait leurs preuves. Cerisier qui promet une belle maturité, avec une forme ronde et douce, et déjà beaucoup de cerises, mais trop jeune aussi, sans ampleur.

Le noisetier, lui, s'est largement épanoui, gras et buissonnant, couvert de feuilles et d'énormes pendeloques de noisettes, véreuses bien entendu. Mais il n'aura jamais une forme d'arbre, un tronc d'arbre. Malgré tout, j'ai déplanté, replanté et protégé une demi-douzaine de pousses qui, elles aussi, commencent à s'étoffer. Sans doute ce terrain convient-il mieux aux arbustes qu'aux arbres.

Les vieux pruniers, taillés trop sévèrement, ont bien du mal à s'en remettre. Le mirabellier, élagué à la sauvageonne, en bouquet, repart avec l'énergie de qui a frôlé la mort, des tiges partout, comme s'il voulait tenir la place d'un manège à lui tout seul. Le dernier prunier planté, un reine-claude, ne m'a pas encore gratifiée d'une seule prune.

Seul le pommier prend vraiment la stature d'un arbre. Déjà majestueux, serein, il étire ses branches le plus loin possible. Même si les vers font tomber ses pommes en grande rigolade, jeu désordonné de baraque foraine, ce bel arbre garde une dignité qui incite au respect. Tous les oiseaux viennent s'y poser. Lui, il aura ses diplômes, il sera tutélaire.

Voilà, depuis la tempête, l'envie m'a reprise, le caprice, d'un futur centenaire dans mon jardin. J'ai déterminé son emplacement, je n'attendrai certainement pas la Sainte-Catherine, « quand tout-bois-prend-racine », pour le planter. Le semer m'aurait bien plu, mais j'ai déjà perdu trop de temps. Tant pis, j'irai le sauver de l'orphelinat, le choisir ni trop bambin ni trop grand, bonne santé, bon pedigree. Il suffira de repousser les légumes dans les coins au fur et à mesure que son ombre grandira et de déplacer les fleurs qui s'en offusqueraient.

Planter un bel arbre me paraît aussi important que bâtir une maison. Un jour je me lasserai des légumes, et les fleurs n'ont qu'une présence saisonnière. Mais, hiver comme été, un arbre porte un rêve au bout de chaque branche, raconte des histoires d'oiseaux, de feuilles, d'insectes, d'écorce, d'escarpolette, de hiboux peut-être ou d'écureuils. Au soleil, le bois est chaud, le feuillage fait les plus jolis jeux de lumière, ce deviendrait le foyer de mon jardin. Autour du tronc, je mettrai un banc.

Le mûrier pleureur

Il pleure, mon mûrier. Ses longues tiges souples et languides traînent par terre. Son tronc ne pousse pas assez vite, pas assez haut pour donner tout l'espace aux branches. Mais dans quel but un arbre laisse-t-il ainsi ses branches rejoindre le sol, faire échelle en quelque sorte à tous les parasites ? Etouffées par l'herbe, les feuilles pourrissent. On écrase en marchant l'extrémité des tiges. Désormais, je les raccourcis pour éviter ces blessures.

S'il avait pu choisir, mon mûrier aurait peut-être exigé le sommet d'un tertre, un monticule pour descendre jusqu'au sol à la façon d'une tente, que ses branches aient la hauteur suffisante pour jouer avec le vent. Le saule pleureur laisse courir son feuillage si bas parce qu'il aime rêvasser dans le courant, se raconter des histoires d'algues, de poissons magiques et sirènes d'eau douce. Mais un mûrier pleureur, en pleine terre de jardin, ressemble un peu à un voilier échoué.

Je l'avais planté en toute ignorance, assez bêtement, le prenant pour un banal arbre d'ornement. Que ferait donc un mûrier sinon des mûres ? Ce fut son premier cadeau. Je le croyais rare, mais c'était un arbre fort commun dans les campagnes, dans les fermes, souvent relégué dans un coin de basse-cour. Il faisait partie des dépendances, refuge de prédilection des poules pour son ombrage et la saveur de ses mûres. Nul gallinacée n'habite mon jardin. Et puis, cette forme pleureuse m'enchante encore et je reste persuadée que les autres mûriers n'étalaient que des silhouettes vulgaires, ne montraient pas l'extrême délicatesse du mien.

Ce n'est pas un arbre mais une architecture, ronde et douce. J'ai l'impression de l'avoir construit moi-même en l'étayant d'une infrastructure de tuteur parapluie, rallongée au fil des ans. Sans me soucier de savoir s'il apprécie, je le taille en forme de tonnelle. J'élimine minutieusement toutes les branches, les soupçons de tiges qui dépassent et manifestent quelque vélléité de partir vers le ciel ou de foncer tout droit, à l'horizontale, comme de stupides cordes à linge. Je rectifie, je coupe celles qui voudraient pendre à l'intérieur, occuper et détériorer la perfection de cette grotte. Je sectionne les fourches, les bifurcations. Je ratiboise la longueur, les extrémités, avec regret car là sont les nouvelles pousses, les feuilles les plus tendres, les plus émouvantes.

Je le soutiens, je le taille, cet étonnant mûrier pleureur. Il devient plus que tonnelle, presque kiosque, massif, touffu, une cachette impénétrable aux regards, un monde rond à l'extérieur et rond à l'intérieur. Dessous, la lumière change, dorée, vert d'eau. Le soleil filtre vert tendre. Les feuilles, si luisantes et lisses, ne laissent glisser que des éclaboussures jaunes. Complice d'une quelconque magie, l'herbe n'y pousse plus. Le sol se couvre d'une petite mousse légère et rase, de même couleur que les feuilles. Un bouquet bleu de muscaris est venu s'y réfugier.

Mon mûrier, mon étonnant mûrier, arbre de conte de fées, tonnelle chatoyante pour lutins et galopins, avec ses branches pleureuses jusqu'au sol, sa lumière d'eau, vert doré, miraculeuse cachette à chats. Son sommet s'arrondit si doucement qu'une tourterelle pourrait venir y couver. Il est beau, ce n'est pas un arbre, c'est une merveille.

Chaque année, il prend plus d'envergure. Enormes et noueuses, les branches maîtresses forment une voûte stable et rigide. Chaque année, il déborde de fruits, les laisse couler à foison. Car mon mûrier fait des mûres jusqu'à en pleuvoir si simplement on les frôle. Tout l'été, elles dégringolent. Petites baies noires, moins juteuses, moins sucrées que celles du roncier et qui se détachent en gardant un minuscule bout de queue. Si jolies sur les tartes, elles compensent leur goût médiocre par la profusion. Tant et tant que l'arbre ne demande qu'à s'en débarrasser. Elles tombent au moindre souffle. Il suffit d'effleurer les branches pour que s'abatte une grêle de mûres.

Je rêve de le ceinturer lui aussi d'un banc, rond sous sa tonnelle ronde, pour qu'un enfant vienne y prendre son goûter ou raconter des histoires interdites. Même le bruit semble hésiter à franchir le rideau du feuillage.

Mésanges, hirondelles et pic épeiche

Souvent j'ai la nostalgie d'un jardin habité où toute sorte d'animaux viendraient s'esbaudir, lapins joueurs ou biches en promenade, belettes pressées par un rendez-vous, renards timides ou écureuils besogneux. J'aimerais, assise sur mon banc, apercevoir le chatoiement d'un faisan. Images naïves d'une enfance tout imprégnée par La Fontaine.

Mon jardin est désert, inhabité, dédaigné. Sa taille réduite empêcherait même les animaux les plus stupides de le confondre avec un parc. Jamais il ne pourra prétendre à un autre statut que celui d'espace civilisé, travaillé, ratissé, taillé où l'on chercherait en vain une cachette digne de ce nom. Seul le tout-venant de la faune, de la faune menue, s'y hasarde.

Les oiseaux viennent et reviennent, petit à petit. Les tourterelles nichent sous la gouttière, dans le lilas et tous les arbres alentour, épaississant l'air de leurs roucoulades. Elles sont d'un joli gris, le cou serré par un cordon noir de vieille dame. Souvent je trouve un de leurs œufs cassé en bas du nid, renversé par leur maladresse ou par la patte d'un chat.

Léger friselis dans le feuillage du pommier et du buddleia, juste devant la maison. Encagoulées de noir, découvrant leurs bajoues blanches, les mésanges ne font que passer. Ventre jaune rebondi et capeline noire. J'ai suspendu à une branche du pommier un petit nichoir que je remplis régulièrement de miettes en saison froide. Quoique insectivores, les mésanges raffolent de venir s'y approvisionner en hiver.

Une année, un couple de mésanges avait fait son nid dans une grosse amphore en terre sur la terrasse, tout près de la porte d'entrée. Le père et la mère, à tour de rôle, se perchaient sur le mur, une chenille verte en moustache au bout du bec. Ils attendaient mon immobilité totale pour s'introduire dans l'amphore par ce col si étroit. L'un rentrait, l'autre ressortait. Et ils recommençaient. Un manège incessant, angoissant. Voir l'oiseau arriver avec sa chenille, sautiller sur le mur, hésiter puis faire demi-tour devenait crispant. Comme au sortir d'un arrêt sur image, je n'osais enfin respirer que lorsque mésange et chenille disparaissaient dans la cruche. Pas pour longtemps. Les parents se relayaient sans interruption, se donnant le mot pour aller quérir cette provende de chenilles vertes apparemment inépuisable. Ils respectaient toujours le même rituel. L'un surgissait sur son mur, pendant que l'autre, à l'entrée de sa poterie, lui criaillait des encouragements ou, qui sait ? des mises en garde. Quant aux petits, ils ne pipaient mot, jamais je ne les ai entendus.

Mais je les ai vus, par un jour fatal. Je n'étais pas seule à guetter les épuisantes allées et venues des mésanges. Le chat aussi s'intéressait au trafic. Il ne fit pas dans le détail, il renversa simplement l'amphore, qui se cassa bien sûr. Tout, tessons de poterie, lambeaux de nid, magma d'oisillons, alla s'éparpiller jusque dans la ciboulette. Ils n'avaient pas encore de duvet, juste un énorme bec, et déjà le chat en attrapait un. A l'échelle de mon jardin, la catastrophe atteignait la dimension d'un génocide animal. Les parents s'époumonaient, côte à côte sur le barreau d'une échelle. J'ai ramassé en vrac et jeté au fond de ce qui restait d'amphore pêle-mêle morceaux de nid et oisillons, et même celui récupéré tout chaud dans la gueule du chat. Puis j'ai recollé les gros morceaux de poterie avec bandelettes de Scotch et ficelle. Il y avait un gros trou au milieu de l'amphore et un silence d'enterrement..

Il faut croire que la naïveté de mon geste sauva les petits, car les mésanges revinrent. Avec leurs chenilles. Mais, désormais, elles rentraient par le trou, plus pratique. Peut-être ont-elles pensé que l'abominable remue-ménage avait eu pour seul but de leur offrir une ouverture plus facile, un accès direct. Les oisillons grandissaient sous ma protection. Un grillage interdisait l'approche de la nurserie et je surveillais le chat d'un œil.

Un jour, sans crier gare, les mésangeaux se sont envolés, l'un après l'autre. Le chat en goba deux, coup sur coup, comme au tir aux pigeons, sûr de son bon droit, avant que je réagisse et l'intercepte. Trois petites mésanges ont survécu, toutes ternes de n'avoir pas encore vu le soleil. Elles sont parties. Ou du moins, je ne les distingue pas des autres. Les années suivantes, l'amphore rafistolée resta vide. Vieille ou jeune génération, les mésanges vont nidifier ailleurs.

Chaque printemps, les hirondelles cherchent à rentrer dans la maison. Si je ne les en chasse pas, elles se mettent tout de suite au travail, accrochant à une poutre les premiers matériaux de leur nid. Elles approchent de leur vol tout en courbes, en descentes, en arrondis et filent droit, sans la moindre hésitation, par la porte ouverte. J'ai un jour soupçonné mon chat, un autre que celui des mésanges, de leur avoir croqué un petit.

Chaque fois que ce chat-là pointait son museau dans le jardin, une hirondelle l'attaquait. Elles le guettaient et opéraient à deux, l'accablant de leurs cris grinçants. A peine le chat se montrait-il qu'une hirondelle s'envolait, descendait brusquement en piqué sur l'animal et remontait. L'autre hirondelle décollait à son tour et lançait son attaque. Terrorisé, le chat s'aplatissait comme il pouvait sous les buis. Rien n'y faisait. Poursuivi par les hirondelles, il courait se réfugier dans la maison. Dès qu'il faisait mine de sortir, la danse recommençait. L'année suivante, le même chat essuya les mêmes tactiques hostiles de deux hirondelles. Je ne sais si leurs attaques de bombardiers sont pure vengeance ou prévention, mais en tout cas ce chat-là n'ira plus jamais chercher noise aux hirondelles.

J'aime à penser que les merles et leurs merlettes font leurs nids dans les haies que j'entretiens tant bien que mal et qui commencent à s'étoffer. Un couple s'était installé dans un des pruniers bas que je taille pour cacher un mur. Un autre dans un curieux arbuste planté par erreur le long de la maison : je croyais qu'il ne deviendrait guère qu'une touffe de fleurs. Il couvre maintenant le mur de ses feuilles dures et luisantes, d'un vert soutenu et qui ne meurent pas en hiver. Il fait de minuscules fleurs blanches et je le taille aussi pour dégager les fenêtres. Il abritait donc des merles qui nidifiaient là et que je voyais régulièrement s'envoler, ou que j'entendais bruisser et froufrouter au plus touffu du feuillage.

Un jour j'ai trouvé un oisillon mort au pied de l'arbuste. Les parents ne venaient plus, l'endroit se faisait silencieux. Sans doute un chat avait-il dérangé les occupants, les plongeant dans une méchante catastrophe. En écartant les branches, on voyait une curieuse structure abandonnée. Deux nids qui pouvaient bien n'être qu'un nid double. L'un, de forme ronde, en position normale, en surmontait un autre, conique, qui paraissait avoir été basculé du premier, renversé, avec l'ouverture à l'horizontale. Je n'ai pas compris si c'était là l'œuvre des oiseaux ou un accident. Peut-être des couples d'espèce différente s'étaient-ils partagé l'arbuste, et le chat aurait décroché un nid, arrêté par hasard dans sa chute par l'autre assemblage. Ou bien s'agirait-il de constructeurs curieux, d'innovateurs s'essayant au duplex pour loger à l'aise toute une marmaille ?

Le monde des oiseaux me reste mystérieux. Je suis incapable d'associer un chant avec une espèce. J'en observe certains, j'en écoute d'autres, mais sont-ce les mêmes ? Tous les ans, dès la fin du printemps, j'entends le même oiseau qui chante en solitaire. Tous les soirs, à l'heure du silence, quand les autres oiseaux n'ont pas encore lancé leur charivari ni les tourterelles leur rengaine éperdue, il va se percher de l'autre côté du mur, tout en haut de l'arbre le plus haut, à la crête d'un sapin. Et commence une époustouflante démonstration. Il essaie d'écraser le soleil déclinant, de faire croire que seul son chant abat l'astre à bout de forces. Il domine. C'est son heure de gloire. Toujours un triomphe d'ailleurs. La scène appartient à cet étonnant soliste. Les autres se taisent, personne n'est de taille à lui répondre, à l'interrompre. Il chante clair et fort, en vedette confirmée. Je ne vois que sa silhouette tout là-haut.

Quand il a fini son récital, il s'en va, jusqu'à la représentation du lendemain. Les autres, les subalternes, les choristes peuvent alors occuper l'espace. Qui est-il ? Peut-être un bouvreuil, peut-être un rossignol, qu'est-ce que j'en sais ? Son nom ne changera pas mon plaisir à l'entendre.

Un oiseau, entre tant d'autres, m'intrigue. Plusieurs matins, très tôt, je l'ai aperçu par une fenêtre, qui picorait dans l'herbe, tranquille, avec les moineaux et les merles, tous indifférents. Celui-là n'était ni un moineau ni un merle. Beaucoup plus gros, il présentait une silhouette et un comportement très différents. Il ne levait pas la tête, mais la montait en haut d'un cou mince et long. La tête paraissait étriquée par rapport à la longueur du bec effilé. Cou, tête et bec, tout était dans le même prolongement. Il piochait la terre à petits coups secs, nerveux, presque agacés. Serait-ce donc un pic ?

Les pics forment une famille innombrable. J'ai feuilleté tous les manuels d'oiseaux en ma possession et j'ai bien observé mon pic, le superposant mentalement à telle ou telle photo. Dès que l'oiseau photographié présentait peu ou prou les couleurs du mien, du gris avec du blanc, du nacré me semblait-il, avec peut-être un léger marron, j'identifiais le mien. Je l'ai ainsi reconnu formellement sur de nombreuses pages. Dans le doute il a fallu trancher et j'ai décidé que ce serait un pic épeiche. S'il revient, j'aimerais dire : « Tiens, le pic épeiche est revenu. »

La nuit du hérisson

Devant la maison, le pied de mon pommier est un lieu de rendez-vous très couru. J'y dépose, peut-être à tort, tous les déchets organiques, épluchures de légumes, fruits blets, miettes de pain, fleurs fanées, dans l'espoir naïf de lui constituer un douillet compost. Alors, viennent les oiseaux, les chats, les fourmis et mon hérisson.

Mais le hérisson est mort. Je croyais qu'il dormait, hier au pied du banc, loin du pommier. Je n'osais pas bouger, et lui non plus. Malgré tout, je ne l'avais encore jamais vu se hasarder par là, au fond du jardin, en plein jour. Peut-être, l'hiver approchant, changeait-il ses habitudes.

Je me suis risquée à déranger son sommeil en le poussant doucement du bout du pied. Il ne s'est pas réveillé, mais une vague nerveuse, comme une onde épidermique, a frissonné sur ses piquants. Rien d'autre. Ce matin, il gît à la même place, indéniablement mort. Plus d'émotion épidermique. Juste une grosse chose un peu molle, qui se laissait remuer en présentant la consistance d'une monstrueuse limace.

Mon hérisson est mort. Ou bien un autre. Le mien, mon habitué, ne fréquente pas ce coin du jardin, il limite ses quartiers devant la maison. Il vient toujours, au début de la nuit, faire bombance au pied du pommier. Je n'ai jamais su ni où il habitait ni si les hérissons ont des mœurs sédentaires, mais je le soupçonne d'avoir installé ses pénates dans un champ non loin, ou un jardin voisin, et de ne me rendre que de simples visites.

En été, il vient tous les soirs, puis il cesse ses visites brutalement. Il ne donne plus aucun signe de vie pendant des mois. Je le crois définitivement parti. Mais non, il hiberne, il arrange ses affaires et fait ses petits. Et, depuis cinq ou six ans, quand la saison se fait douce, il revient. Lui, ses enfants ou ses petits-enfants. Une nuit d'été ou une autre, quand les soirées s'éternisent dehors, j'entends brusquement ses grognements, ses bruits fouillis derrière les conversations. On dirait qu'entendre parler le rassure, qu'il nous sait occupés et peut vaquer tranquille. Est-ce lui qui est venu mourir au pied de mon banc, ou un étranger ?

L'été dernier, ils étaient venus à deux, un petit et un gros. Les hérissons dorment le jour, sortent à la nuit et vont faire les courses avec leurs petits. L'adulte, le familier de mon jardin, avait donc emmené son petit se régaler chez moi. Un seul. Les autres de la portée s'étaient peut-être déjà fait écraser, à moins qu'ils ne soient partis en vadrouille ailleurs, avec l'autre parent.

Une fois, mon voisin m'avait montré une nichée de

hérissons. On ne les voyait guère, emmitouflés dans la paille d'un hangar ; il les avait délicatement recueillis au creux de sa fourche. Tout blancs et tout mous. On avait envie de les caresser, tant ils paraissaient différents du hérisson adulte, figé dans sa gangue de longues aiguilles. Ceux-là auraient aussi bien pu devenir des salamandres. Ils étaient nés vers la mi-avril. Peut-être les hérissons habitent-ils toute leur vie au même endroit et s'y reproduisent-ils. Ainsi, des générations et des générations de hérissons apprendraient de leurs parents le chemin de mon jardin et de mon pommier.

Au milieu des trognons de pommes et miettes en tout genre, le hérisson grogne, fouille, croque sans arrêt pendant une heure ou deux. Il est omnivore, cet animal, je ne l'ai jamais vu dédaigner quoi que ce fût. En sus des serpents, limaces, fruits, chenilles, souris, fraises ou œufs d'oiseaux, il se repaît de tous les restes, pâtes, viande, pommes de terre, pain ou lait. La première fois que je l'ai vu, il était fermement attablé devant un plat d'os de canard laissés là pour les chats.

Cette nuit-là, le bruit m'avait intriguée. Un hérisson fait un boucan incroyable. Il est tout petit, il fait son timide et vit si discrètement qu'on ne le voit souvent que mort, en lambeaux de tapis-brosse sur les routes. Et pourtant, il mange comme un porc, vorace et bruyant, il grogne comme un cochon et renifle sans retenue. Il fait des manières de bête primitive et gloutonne. Quand il marche, il se fait remarquer, traînant, écrasant feuilles et brindilles à grand bruit. Je l'entends venir de loin. Toujours à la même heure.

Il arrive après la tombée de la nuit, à la saison des moucherons et des aoûtats, sans tenir compte ni du bruit ni des présences humaines. Même s'ils feignent de l'ignorer, les chats le connaissent, peut-être pour s'y être déjà piqués. Et lui les connaît. Il les dédaigne et poursuit imperturbablement son petit trafic au pied du pommier et jusque sous la table. Un animal sans curiosité, dirait-on. A moins que son indifférence ne lui soit venue d'une trop grande habitude de voir tous les autres, les sans-piquants, s'écarter de son chemin.

Un jour il trouva sur son passage l'obstacle d'une piscine en plastique ronde. Il commença à la longer. Ce doit être un longeur de murs, longeur de routes. Il marchait patiemment, certain d'en rencontrer le bout, puisque tous les murs finissent quelque part. Une déambulation si bizarre que le chat s'est mis à le suivre, à pas feutrés, rampant le museau à ras des fesses du hérisson et cherchant l'odeur. L'un derrière l'autre, ils ont fait plusieurs fois le tour de la piscine. Mais le hérisson, commençant peut-être à trouver inquiétante cette drôle de paroi, accéléra l'allure tant et si bien qu'il distança son poursuivant et se retrouva derrière le chat, toujours pistant et toujours aplati. Alerté par le bruit, le chat se retourna et se trouva face à face avec celui qu'il croyait suivre. De frayeur, il sauta sur place.

Nullement perturbé, le hérisson dévia en direction du piège à guêpes. Là, pas de problème, il a une longue pratique : il renverse le piège, tout bonnement, pour se goinfrer du fruit posé en appât. Toutes les nuits, il démolit mon piège pour voler le bout de nourriture, se fichant éperdument des guêpes qui profitent de l'aubaine et s'échappent. Aussi cuirassé qu'un ours.

Pourtant, leurs piquants mêmes les rendent vulnérables. Ces bestioles à pattes courtes sont infestées de vermine, puces et parasites. Ils ne peuvent ni se gratter ni se mordiller et montrent une incapacité totale à s'en débarrasser. Quand ils en auraient la souplesse, leur couche de piquants les en empêcherait. Les autres animaux, victimes des parasites, se roulent dans la poussière pour se soulager, se baignent ou se frottent aux herbes antiparasitaires, comme mes chats qui adorent aller s'allonger et se rouler dans le thym. Mais le hérisson ? A quoi lui servirait de se rouler dans la poussière, sinon à écraser ses aiguilles ? Son moyen de défense le rend inaccessible à tout soulagement. Qui ramasse un hérisson risque fort de récolter des puces.

Chenilles et papillons

La population de mon jardin se compose surtout d'individus minuscules que je range dans la catégorie « amis », « ennemis » ou, la plupart du temps « inconnus ». Certains se montrent d'autant plus jolis qu'ils cachent un tempérament carnassier et vorace. Dans ma lutte, assez molle, contre les innombrables parasites qui logent dans mon jardin, je suis d'une incorrigible faiblesse envers les chenilles.

Parfois aussi jolies que des pierres précieuses, elles me plaisent toutes. Cette verte, là, omniprésente, d'un vert fluorescent, toujours enroulée sur elle-même à la façon d'un macaron ou d'une coquille. Plus tard, elle deviendra l'un de ces innombrables papillons blancs, si banals, qui se démènent en tous sens dans le jardin. Et cette autre, rayée de jaune et de noir, bien étirée, quel papillon deviendra-t-elle ? J'en ai vu, alourdies de bleu turquoise, de vert brillant, enchâssées telles des bijoux dans mes plantes. Le papillon professe pour ses couleurs de chenille le même dédain que pour des hochets d'enfance, et mes chenilles lapis-lazuli auront peut-être un battement d'ailes marron.

Certaines, des laiderons, donnent naissance à des papillons tout aussi ternes : de gros vers grisâtres, enroulés, qui deviendront des papillons de nuit, les noctuelles. Disgracieuses et insatiables, les chenilles s'attaquent à tout, radis, salades, fraises ou pommes de terre. Quoi que l'on plante, elles s'adaptent. Je ne m'en inquiète pas trop. Mon jardin est très fréquenté par les merles et ces oiseaux-là ont la réputation de se goinfrer de vers gris.

On découvre des chenilles, par surprise, un peu partout, dans la terre, au pied des plantes, douillettement lovées dans des feuilles comme au creux d'un hamac. Qu'elles dorment en paix. Les papillons font merveille aux beaux jours.

Ils se posent par dizaines sur mon buddleia, mon arbre à papillons, ponctuant les fleurs d'un joli nœud. Ils font de chaque grappe un petit paquet enrubanné. Que serait un jardin sans papillons ? Ils sont les pétales de l'air, la brise en pleine chaleur. J'aime que les jardins s'animent, qu'ils bougent, qu'ils changent, qu'ils servent de refuge ou de passage. La nature n'est jamais trop vivante, et les papillons me consolent un peu de n'y voir ni biches ni castors.

Il m'arrive de détruire des chenilles, emportée par une humeur belliqueuse ou par un élan de maraîcher âpre à défendre sa récolte. Pas souvent, j'en éprouve trop de remords. Pas suffisamment pour sauver les choux ou les pommes. Et puis, j'aime les mésanges et les mésanges adorent mon pommier : presque toutes les pommes abritent une chenille. A la saison des oisillons, quantité d'oiseaux viennent y faire leurs provisions de bouche. Ils s'y régalent de la redoutable carpocapse, la pyrale des pommes. Au printemps, le papillon femelle dépose un œuf au cœur de la fleur. Le ver se développe en même temps que le fruit. Affamée et impitoyable, la chenille mange les pépins, creuse des galeries dans la pomme et ronge la chair. Puis, fière et repue, elle file se cacher dans la terre. Au printemps suivant, une multitude de papillons pleins d'énergie vient à son tour pondre dans les fleurs et répandre la bonne nouvelle d'une génération encore plus nombreuse de pyrales.

Détruire les chenilles de carpocapse ferait fuir les mésanges. Que les oiseaux viennent les manger et me sauvent ainsi quelques pommes rétablit un équilibre et me laisse des papillons. Un peu d'oiseaux, un peu de chenilles, un peu de papillons. Faisant concurrence aux oiseaux, les larves d'un carabe se régaleraient elles aussi de chenilles. Mais à quoi peuvent bien ressembler les larves d'un carabe ?

Certaines chenilles sont affublées de surnoms qui témoignent, sinon d'une haine ancestrale, du moins d'une solide antipathie entre elles et les paysans : la teigne du poireau, la mineuse des feuilles, la tordeuse de la vigne. La tordeuse du pois, qui cache sa méchanceté sous une tendre couleur vert clair, a la perversité de manger les pois à l'intérieur des gousses. Elle n'épargne pas non plus les haricots. Seule la présence des tomates la met en fuite. La ruse consiste à prendre les papillons de vitesse en semant les graines très tôt dans la saison.

Mais, ces chenilles délinquantes et vilains garnements, une fois passé l'âge ingrat, quels papillons vont-elles devenir ? Peut-être ces délicats bleus qu'on croirait nacrés, ces minuscules verts pâles, ou les petits blancs si bien amidonnés.

Ma chenille

L'une de ces chenilles s'installa si familièrement dans mon paysage que je crus presque pouvoir l'apprivoiser. Extraordinaire, plus longue que mon majeur et plus grosse aussi, elle se prélassait dans une armure vert clair, du vert tendre des feuilles fraîchement nées. Je l'ai remarquée justement parce qu'elle en faisait trop, imitant la teinte des feuilles encore plus parfaitement que les feuilles elles-mêmes. Presque trop verte. Perchée sur un petit rejet de lilas, elle en avait déjà grignoté une feuille du sommet et se reposait, digérait sans doute, sous la feuille opposée.

En fin d'après-midi, elle était encore là, tout en mouvements de mandibules, avalant méthodiquement, molécule après molécule, d'abord l'exacte moitié d'une feuille, s'arrêtant à la frontière de la nervure principale, puis l'autre moitié, avant de s'attaquer à la seconde feuille de l'étage pour ensuite descendre au garde-manger inférieur.

Sur sa carapace lisse et imberbe de crustacé, quelqu'un a tracé des vertèbres au pinceau, de fins traits blancs soulignés de gris. Quand elle ne mange ni ne dort, elle se suspend par les pattes arrière et renverse la tête en bas, courbée en un point d'interrogation qui aurait perdu le sens de la gravité, ou un acrobate de cirque bêtement égaré dans la campagne sous un déguisement d'emprunt. Les pattes ressemblent plutôt à des membranes, tiraillements du manteau vert. Mais qui croit-elle tromper avec sa méchante petite queue terminale, grossière caricature de dard ?

Voilà déjà plusieurs jours que je l'observe et la retrouve avec plaisir. Par quel chemin tordu est-elle arrivée ici ? Maintenant que je me suis habituée à sa présence, la disparition de ce monstre me désolerait. Elle dévaste l'endroit méthodiquement, selon un plan longuement mûri. Quand elle a dénudé un brin de lilas aussi proprement que tige en hiver, hop, la voilà en haut du voisin où, sans gêne aucune, elle recommence son manège. Mais comment en trouve-t-elle le chemin et la volonté d'en gagner le sommet sans céder à la tentation de s'arrêter ici ou là pour se sustenter au passage ?

Je m'amuse à suivre ses progrès en observatrice neutre, absolument pas concernée par la désertification du massif. Sa beauté et sa taille m'interdisent de l'écraser. En outre, si le futur papillon, car elle ne peut devenir que papillon, se montre d'une grosseur proportionnelle, il sera magnifique. Un géant papillon. J'aimerais bien le voir.

Hier, j'ai bien cru que je ne le verrai jamais. Quand on considère la lenteur avec laquelle une chenille s'engraisse, la durée et le nombre des périples à accomplir avant d'accéder enfin à l'état de papillon, on s'étonne que les lépidoptères volent encore si nombreux. Le chat aussi s'amusait de cette nouvelle locataire. Coup de patte pour jouer, pour voir la réaction, au cas où elle s'envolerait ou se sauverait en couinant. Attouchement de museau avec la tête renversée de la chenille, sentirait-elle le poulet rôti ? Je l'ai empêché juste à temps de la croquer.

Mais au soir, devant le chat posté en sentinelle, la moitié avant du corps de ma chenille s'agitait d'un mouvement saccadé et inhabituel, de gauche à droite, de droite à gauche, presque à angle droit avec la partie inférieure encore cramponnée à sa feuille. Attitude de menace ou de souffrance ? Indubitablement, le drame s'était produit. Par une blessure, ma pauvre chenille perdait un liquide transparent, comme de l'eau ou des larmes, qui gouttait sur les feuilles de lilas.

Ce matin, elle est là, elle paraît encore vivante, mais elle m'inquiète. Hier parfait, son corps est strié de vilaines traînées noirâtres. Je crains que la plaie ne s'infecte. Je ne voudrais pas que le papillon en naquît amputé d'un bout d'aile.

Hannetons

Voilà qu'un soir de juillet mon jardin fut envahi de bombardiers. Par centaines, des petits hannetons tourbillonnaient aveuglément dans l'air, cherchant leurs pistes d'atterrissage. Je ne remarquai d'abord qu'un curieux zonzonnement au ras du sol, qui s'arrêtait pour recommencer plus loin, plus haut.

Partout dans l'herbe, de minuscules bimoteurs, d'une maladresse de débutants, graissent leurs machines et testent leurs hélices avant la mise en route. Un hanneton escalade un brin d'herbe qui ploie sous la charge des soutes pleines. Ventre en l'air, l'insecte continue sa progression. Sait-il seulement que le ciel est à l'envers ? Il tombe et recommence, fait tourner son moteur mais rien ne démarre encore. Du sur-place.

D'autres escadrilles ont déjà pris leur envol. J'en vois partout, à toutes les hauteurs, ivres de l'avoir réussi. Pas tout à fait maîtres de leurs commandes ni de leur vitesse, ils vont à toute allure, dans tous les sens et parfois même en ligne droite, me percutant de plein fouet. Ces curieux kamikazes sont-ils stupides au point de me prendre pour un objectif de guerre ?

Ils partent sans apprentissage, résolvent à la sauvette leurs problèmes de gouverne, effectuent de brusques changements de direction inappropriés. Ils foncent et s'assomment. D'autres hannetons, moins dégourdis, peinent toujours dans l'herbe, les hélices tournant à plein régime et s'enrayant après quelques zigzags.

La multitude de ces fous volants saturant l'espace de façon inquiétante, les chats et moi avons préféré gagner les abris.

Le crapaud des fraisiers

Un matin, je nettoyais mes fraisiers et j'entends un bruit, un froissement tapi sous les feuilles. Un bien léger bruit, mais un bruit malgré tout, plus lourd que le simple babillage des herbes. Je fouillai, écartai les feuilles sans rien trouver d'autre que la terre et les détritus organiques habituels d'un plant de fraisiers mal entretenu. Çà et là s'écrasaient tristement les fruits oubliés, un peu pourris, les uns durs, encore verts ou blancs, les autres rabougris, comme couturés de cicatrices, et puis les rouges, mûrs à point mais immangeables parce que tronqués, grignotés par quelque parasite.

Je ramassai les petits pots en plastique éventrés qui servent à planter les gourmands et que je néglige parfois d'ôter. Au fond d'un des godets, tout palpitant et terrorisé, se rencognait un crapaud, un tout petit crapaud immensément seul et qui, n'eût été sa respiration, se serait fait feuille morte, bois, caillou. Avec ce minuscule pouls, le jardin se greffait un cœur, devenait habité. D'autres êtres y vivaient, s'en nourrissaient et menaient là leurs petites affaires.

J'ai reposé tout doucement habitacle et habitant, et me suis éloignée sur la pointe des pieds, espérant que le crapaud ne m'avait pas vue, qu'il ne déménagerait pas et que les jours silencieux, mes jours d'absence, le rassureraient. C'est si joli, un crapaud. Les yeux des bébés ruissellent de paillettes d'or. Leur peau de saurien paraît à la fois dure et fragile. On voit battre le cœur à travers, ils ne sont qu'un énorme cœur mal habillé d'une plissure de feuille morte. Vernissés, luisants de l'humidité d'une grotte, ils interdisent les caresses, les attouchements, par crainte des pustules venimeuses, des vieilles légendes. Et aussi parce que, comme un doigt sur de la peinture fraîche, on laisserait des traces.

Je lui ai offert mes fraises. Qu'est-ce que quelques fruits, comparés à cette statue vivante, cette drôle d'écorce qui sautille et respire et s'amuse ? Mais ce crapaud a la fâcheuse habitude de goûter les fraises, toutes les fraises, et de n'en terminer aucune, un peu comme les enfants. Plutôt que de la malignité, j'y vois une curiosité du monde, la joie sensuelle d'une musarde qui passe d'un fruit fessu à un autre en forme de poire. Un rêve charnu.

J'ai revu plusieurs fois mon crapaud. Je me faisais silence et approche sournoise, juste pour m'assurer de sa présence. Les saisons ont changé et ce plant de fraises-là a dépéri. Mon anoure pataud a dû partir. Peut-être se régale-t-il, menant grand train dans mes autres fraises. Ou bien a-t-il changé de régime, me remerciant de ma déférence en dévorant les parasites plus petits que lui ? A moins qu'il ne soit parti courir le monde, chercher quelque point d'eau pour y pondre et revenir dans quelques années, suivi par des dizaines de petits galopins. Je ne sais pas ce que les crapauds traficotent dans leur vie domestique, ni comment ils se rencontrent. Un autre crapaud vivait le long du mur, du côté opposé de la maison. Je ne les ai jamais vus ensemble, je n'ai jamais assisté à une scène d'amour ou à une querelle.

Il me plairait bien que le crapaud revienne dans mes fraises. Quoique le plus vorace, il n'est pas le seul à les manger. Tout un peuple de limaces, d'escargots, de merles les ravage. Seuls les insectes, limaces ou escargots, ceux qui vivent et déjeunent sur place, se laissent prendre la main dans le sac. Les autres, on les soupçonne. Toute une vie grouille là, une vie affamée qui me désole mais que j'aurais scrupule à exterminer : elle est chez elle, elle a le droit de vider le réfrigérateur, et tant pis si c'est moi qui le remplis. En outre, mon crapaud s'en nourrit. Il faut qu'il trouve abondance à son retour.

Divorce au pommier

Une espèce de journée d'hiver commence, sale, bruineuse et morveuse. Rien ni personne n'est encore décidé à prendre le virage entre nuit et jour. Le matin traînasse, comme une nappe douteuse. Quelques oiseaux se risquent, sans entrain. Dans ce silence humide, ils lancent un chant morne, ennuyé. L'air ne joue pas le jeu, il n'y a aucune sonorité, les trilles tombent à plat. Pas de vent. Les voix pesantes des corbeaux et des tourterelles accaparent le monde sonore. Les quelques oiseaux que j'entends chantent sans gaieté, par pure conscience professionnelle.

Un rouge-gorge vient se poser sur l'absurde pommier décoratif. Puis deux rouges-gorges. Deux frères, deux amis ou deux fiancés ? Chercheraient-ils, déjà en janvier, à monter leur nid, à choisir un site habitable, à faire quelque projet amoureux ? Ma méconnaissance des oiseaux est telle que j'ignore à quelle époque ils se rencontrent, couvent, bâtissent et tricotent leur cachette de brindilles. Mais ni la saison ni la journée ne me paraissent propices pour songer à l'avenir.

J'aime à croire que, loin de préparer le futur, ces deux-là terminent ici, avec courtoisie, leurs amours vieillissantes. Sinon, pourquoi diable auraient-ils choisi cet arbre si laid, toujours geignard, toujours malade et sans aucune conversation ? Ce faux pommier, cet incongru, n'est joli qu'au tout début de son feuillage, quand de minuscules feuilles pas encore rouges et presque gaies se défroissent avec le charme d'un bâillement au réveil, avec la fraîcheur de petites guirlandes pas tout à fait dépliées, avant la fête. La fête est ratée. Très vite, les feuilles se ternissent, se raréfient, se rabougrissent. Il se déplume d'un air morose, une moue veule d'ennui. Silhouette mesquine et grisouille dans une ambiance de lampions éteints qu'on ne prend même pas la peine de décrocher quand les sentiments amoureux vident précipitamment les lieux. Ce pommier se dégingande, sans pour autant gagner en exubérance. Il paraît mal coiffé, terne et négligé.

Je ne l'imagine pas même simple étape pour un couple d'oiseaux joyeux et amoureux. C'est un grincheux, un pleurnicheur, un pleureur qui potasse sa dépression nerveuse dès qu'arrive la belle saison. Qui pourrait s'y complaire, sinon des chenilles, des tordeuses tout aussi perverses ? S'il n'était arbre, il deviendrait alcoolique.

Mes rouges-gorges n'y viennent sans doute que pour une saute d'humeur, le temps d'une scène de ménage. Le caprice passé, les voilà qui filent vers le prunier. Cela ne m'étonne pas.

Les buis

Par caprice et par jeu, j'ai voulu planter, il y a quelques années, des allées de buis. Les jeunes enfants et les chats en raffolent, les uns pour les enjamber, tester leurs sauts ou y perdre leurs billes, les autres pour s'y cacher. C'est aussi drôle qu'attendrissant de voir l'oreille du chat, juste l'oreille, pointer derrière un buis. Tapi, tous muscles tendus et moustaches frémissantes, le chat se met aux aguets. Il s'écrase de tout son poids contre le tronc maigrelet du buis, comprimant les feuilles comme s'il tassait un coussin, attendant que passe le moindre papillon ou pied humain pour bondir et, sans s'arrêter, filer derechef se poster derrière un autre buis. Ces allées-là sont faites pour les chats. Ils iront s'y prélasser, aussi à l'aise que sur une banquette, quand mes arbustes auront poussé, fortifié, pris carrure et envergure, et que je les taillerai dru.

Pour l'instant, mes buis méritent encore beaucoup d'égards. Quoiqu'ils ne soient guère hauts, et puisque ces arbustes se prêtent plus que d'autres à la manie raboteuse du jardinier, je les ai soumis à la taille. Une besogne bien agréable et plaisante : juste quelques mèches à couper ici ou là.

Qu'importe. J'avais envie de sentir la lenteur, le poids interminable de ces bois qui mettent des années à grandir, écrasés par une telle pesanteur qu'il leur faut une énergie considérable pour se hausser de quelques centimètres. Un lutin malin doit leur tirer les racines. Il faut du temps pour fabriquer une âme à un jardin.

Pourtant, je ne les trouve pas vraiment beaux. Ils ne bougent guère, ni avec le vent ni avec le temps, encore tournés vers un mode de vie minéral. Les saisons les laissent identiques, hormis la naissance de petites pousses fraîches, plus vertes. La sève y circule avec une telle lenteur, une telle parcimonie que les feuilles paraissent déjà desséchées. Les jardins à la française ne m'attirent pas. La nature s'y fait trop artefact, coupée, taillée, émondée, aussi propre et dénervée que des fausses dents. Il manque une dimension vivante à ces jardins-là, une fantaisie. Les arbres me plaisent fous, à secouer leurs feuilles pour faire désordre, les chemins sinueux, les bancs cachés, les graminées hilares de surgir par surprise, les fleurs essoufflées d'avoir dû se hisser plus haut que leurs voisines. J'aime que la végétation danse et rêve et s'attriste, quand le tournis des branches est à lui seul une dimension.

Végétaux à sang froid, les buis surprennent par le seul fait de leurs variétés. Buis arbustes, buis à torturer en silhouettes d'animaux ou de potiches, buis de bordure. J'ai commencé mon allée avec un gros buis dont j'ai divisé le pied. Quatre buis, tout petits, tout maigres, serrant de minuscules feuilles rondes et qui se sont révélés depuis appartenir à la famille arbustive. Ils ne ressemblent pas du tout aux suivants : ils poussent à peine, ils s'étoffent sèchement, râblés, butés, ramassés sur eux-mêmes : des introvertis. Ils poussent comme une pierre pourrait évoluer, en ramenant tout vers le cœur. Si rachitiques que je les ai plantés très rapprochés. Je crains que les espèces arbustives ne soient pas très sociables, à voir leur caractère déjà aigri, et qu'à se frôler leurs racines ne dépérissent.

L'année suivante, j'ai planté d'autres buis pour continuer mon allée. Leur seul point commun avec les premiers est la dénomination « buis ». Ceux-ci montraient un vert très soutenu, avec des feuilles plus grandes, plus allongées et des tiges flexibles, presque trop souples. Même leur forme quittait l'arrondi et montait déjà, attirée par la hauteur. Ils se dépêchent de pousser, ils ont dépassé de beaucoup ceux de l'année précédente. Ce doit être une variété nouvelle, sélectionnée pour les jardiniers impatients. Le bois n'a pas la dureté des espèces à croissance lente. Les chats ne s'appuient pas sur ces buis-là, leur muret est trop léger.

La troisième année, j'ai planté ce qui ressemble enfin à de vrais buis de bordure. Leurs feuilles et leur forme n'ont pas la rondeur des premiers, ni la vitalité des seconds. Bien petits, ils se hissent à regret, avec d'infinies précautions. Mes allées de buis sont œuvre lente, très lente, d'autant plus que j'en espace la plantation sur des années.

En plantant des boutures, et parfois des boutures de boutures, le temps qu'ils prennent à pousser s'accroît considérablement. La branche opérée est minuscule, branchette récupérée de la taille, ou juste un éclat cassé par les chats. Le buis se bouture à merveille, n'importe quand, n'importe où. Mais il est si lymphatique qu'il faut attendre plusieurs saisons avant de le replanter. J'ai voulu déménager trop vite des plantules bien sages depuis quelques mois dans leur pot. Malgré leur mine verte et fraîche, elles n'avaient pas fait la moindre racine, la moindre amorce de fil. Il faut une plus longue patience. J'aligne mes pots le long d'un mur à l'ombre, bien humide, les pierres chaudes du soleil qui s'escrime de l'autre côté. Elles ne réclament qu'un peu d'eau, de temps en temps, elles ont l'air paisiblement endormies, immobiles, contentes d'un temps vide, parenthèse entre la mort et la vie, un temps de paresse où la plante n'est pas encore sommée de pousser. Parfois, il est vrai, je les oublie un peu trop longtemps, leur mine s'allonge, leur teint vire au marron. Je les jette, c'est tout.

La véritable histoire de Sisyphe

A défaut de plan d'ensemble, j'entaille mon jardin de tronçons d'allées, de bordures et d'écartements fort divers, aussi mal raccordés que les chemins de fer indiens. Autant l'existence d'allées me paraît indispensable, autant leur nécessité m'échappe parfois. Car enfin, on marche agréablement sur l'herbe, on déambule d'un endroit à l'autre selon sa fantaisie, sans ce besoin impérieux de contenir ses pas dans un tracé répétitif, défini une fois pour toutes. Pourtant je m'acharne à défricher ici ou là des bandes de terre courbes, droites, sinueuses, au gré des massifs ou des habitudes de cheminement. Une façon de ramifier le jardin, de le découper en promenades, d'y suggérer des zones de rêveries, des incitations à découvrir la face cachée d'un arbuste. Mon jardin n'est pas fait pour s'afficher, mais pour être parcouru, habité, touché. Les jardins de paysagistes, conçus tels des tableaux qu'on englobe d'un seul regard, m'ennuient. Dans ceux-là, si harmonieux soient-ils, on perd la curiosité d'aller se perdre au fond.

Tournant autour des massifs, du potager, trouant les

framboisiers ou longeant les rosiers, les allées avaient, entre autres missions, celle de faciliter le jardinage. Les herbes d'un côté, les fleurs de l'autre, voilà qui clarifie le travail. Le terme « allées » paraît légèrement pompeux pour ce qui ne fut longtemps que chemins de terre anarchiques et tronqués, bordés de mes embryons de buis ou de rien. Les premières années furent des années de guerre et de découragement. Pied à pied, j'essayai de débarrasser ces maudites allées de leurs herbes. Douloureusement.

C'est là le vrai travail de Sisyphe. L'histoire du rocher n'est que bagatelle, amusement d'intellectuels. En réalité, la vraie tâche à laquelle Sisyphe fut condamné sa vie durant ne peut être autre que biner des allées : une course éternelle pour simplement se retrouver au point zéro. Le travail à refaire court toujours plus vite que celui qui se fait.

Je m'épuise à racler la terre, trancher tout ce qui pousse et repousse là, du même geste mécanique et répétitif, toujours au même rythme, celui qui courbe le dos sans l'arrondir, qui casse la silhouette en une drôle de statue disgracieuse, qui ne fait plus du corps qu'une seule crampe partant sournoisement de la nuque pour gagner les reins, les genoux, les épaules, les bras. Non seulement je m'enchaîne volontairement à cet éternel recommencement mais, chaque année, j'en rajoute un bout. Un mètre d'allée ou une bordure d'herbes aromatiques. Un dégagement ici ou là, l'entourage d'un nouveau massif ou une jonction enfin nette entre deux carrés de légumes. A force d'être aiguisée, ma binette rapetisse à vue d'œil.

Je bine des allées parfaitement inutiles, parce que je rêve.

Je rêve d'un jardin où je pourrais errer d'un pas lent, m'asseoir derrière un bosquet, cueillir une feuille, attendre que l'émoi d'un grillon se calme et qu'il remette sa scie en route. Déambuler la tête vide, sans penser au ménage à faire à mes pieds, au liseron qui tricote ses étoiles, au bouton d'or qui jette ses grappins, à l'ortie qui rameute tous ses cousinages. Guidée simplement, en rond ou en carré, par le goût des lieux, le bout de l'allée. Je rêve d'un jardin où rêver. Alors je m'active comme une forcenée pour m'offrir un jour cette contemplation paresseuse, le luxe, pourquoi pas ? d'y tailler des poèmes. Je voudrais faire de ce minuscule bout de terre une promenade privée. Mon isoloir à ciel ouvert, mon monologue, mon refuge quand tout va mal.

En attendant, je bine bêtement, sans imagination, centimètre après centimètre, pour ne jamais rien gagner. Dès qu'arrive le printemps et jusqu'à l'automne, je bine. C'est d'une monotonie terrifiante, d'un ennui redoutable. Je connais désormais la résistance de chaque herbe à la décapitation. Une année, j'ai tenté les désherbants chimiques sur une des allées les plus éprouvantes, un chemin de pavés inégaux et mal joints. A contrecœur. Bien entendu, l'herbe a repoussé sans autre émotion, mais les astilbes à côté ont bel et bien crevé. Je n'ai pas renouvelé l'expérience. Les traitements de choc en jardinage me laissent un malaise, une culpabilité. Il faut se colleter avec la nature à armes égales pour avoir droit à sa contribution. A biner mes allées, j'ai perdu bien des heures et gagné des douleurs, mais aussi cette harmonie, cette entente, qui commence à se faire jour, petit à petit. La guerre évolue en molles escarmouches.

Un art contre nature

Il n'y a que les jardins des autres dont on profite en toute bonne conscience. Ailleurs que dans le sien, on admire en toute quiétude l'incarnat d'un rosier grimpant, on batifole au rythme du vent dans les feuilles, on s'extasie sur l'éclat des pissenlits. Ailleurs, le liseron est d'une délicate poésie. Dans son jardin, le coup d'œil de l'efficacité empiète très vite sur la jouissance musarde. Malgré sa discrétion, le liseron ne devient que contrainte, l'ennemi à extirper. Pas de fantaisie, on dresse une carte du jardin, un plan de travaux, des ordres de priorité. Impossible d'admirer sereinement les gourmandises roses des lupins, les lances bleues des lavandes, les pétillements des asters, la vaisselle anglaise des clématites ou l'effarement des roses trémières sans voir d'abord et presque uniquement les régiments d'herbes sournoises préparant leur assaut au pied des fleurs. Tâche décourageante et rôle ingrat : un chantier qui ne finira jamais.

Le jardinage est un art contre nature. Il faut éternellement contrarier les herbes dites mauvaises, parce qu'elles poussent trop bien, parce qu'elles sont là chez elles. Et, en même temps, encourager les étrangères, les intruses, celles qui n'ont aucun droit et qu'on introduit de force, qu'on protège par toutes sortes d'artifices, de terre rapportée, d'arrosage, de taille, de compost. On peut y voir une bonne définition du colonialisme. Le combat est d'autant plus rude que l'envahisseur ne doit jamais relâcher sa pression. Il suffit de regarder les jardins à l'abandon, la vitesse avec laquelle les plantes autochtones relèvent la tête et étouffent les autres, les étrangères, pour comprendre la vanité du jardinage. Quelques-unes continueront encore à fleurir, comme de vagues implants culturels, mais s'étioleront bien vite.

Je trouve un peu ridicule, absurdement humain, de considérer comme une réussite de faire pousser ici des plantes de là-bas. Car, là-bas, on produira des plantes d'ici. Ces pauvres mauvaises herbes ne sont que les végétaux les mieux adaptés à une terre, l'image d'une nature locale. Contrairement à toute logique, plus les jardins s'étendent, plus la nature recule. On en arrive même à l'oublier. Enumérer les plantes naturelles de sa région relève d'un exercice voué à l'échec. Qui sait à quoi ressemblerait son jardin s'il laissait la nature agir à sa guise sur des années, des dizaines d'années, sur un siècle ? Quels arbres alors prendraient racine ?

Les mauvaises herbes, orties, liserons, bourraches, belles-dames, trèfles ou renoncules, ne sont que les premières plantes à venir sur un sol qu'on libère. Une phase transitoire. Elles préparent le terrain, accumulent l'humus pour les suivantes, pour les arbres. Dans les fermes, les endroits où l'on ne cultivait ni jardins ni potagers voyaient pousser ces arbres splendides, ormes ou noyers centenaires. Disparue l'opportunité d'admirer de ces vétérans dans les jardins qui pourtant se multiplient, mais en plus petits, en plus pressés.

On compose son jardin sur le temps d'une génération, au mieux. Il est petit, on le meuble petit. L'idée d'un beau jardin se calque sur un espace planté du plus grand nombre de variétés possible, avec toutes les couleurs possibles et qui se relaient le plus harmonieusement, en toute saison. Le contraire d'une nature laissée à elle-même, quand les fleurs se succèdent par tapis discrets. Le beau jardin est finalement un jardin très travaillé, sans place pour la moindre spontanéité. Derrière l'admiration esthétique, on trouve la notion morale d'effort et de victoire, de l'homme soumettant la terre.

Parfois mon jardin me fait pitié. Je le regarde comme un champ de bataille où je sabre aveuglément. Mes ennemis n'ont d'autre tort que de vouloir récupérer la terre qui leur appartient. Une façon de m'apitoyer aussi sur moi. Vue sous cet angle, la lutte paraît trop inégale et me voilà dans le rôle d'une intruse, obsédée par un but stupide aussi fastidieux et éphémère que les tâches ménagères. Moments de découragement où la tentation vient de jeter la binette aux orties.

Pourquoi s'entêter à vouloir des delphiniums justement là où pousse, avec moins de panache mais aussi moins de tracas, la giroflée sauvage ? Ici, où régulièrement je plante des hémérocalles qui finissent mal, les pavots s'installent avec autorité. Ils lèvent leurs têtes d'élèves attentifs et indisciplinés. Pourquoi s'échiner à les extirper ? A croire que les hommes ont inventé la lutte chimique pour s'épargner non pas tant le travail que la culpabilité, pour ne pas participer directement à l'extermination des parents pauvres du jardin. Le rôle de bourreau dévolu à quelque invisible agent permet aux jardiniers pilates de garder les mains propres, d'ignorer les supplications des populations autochtones, racines dénudées et tendres plantules fauchées dès leur jeune âge.

Supprimer les jolies pousses toutes neuves et fragiles des pruniers, des lilas, des noisetiers, des sureaux ou des ricins qui tentent leur chance et n'ont d'autre tort que de s'élancer à leur guise, hors des lignes tracées, de l'espace limité que je leur ai despotiquement dévolu, m'attriste toujours. J'hésite, je tergiverse, je ne me décide pas. Je laisse faire tel arbrisseau qui hausse le col dans mes fraises, à peine plus grand qu'elles. Je m'aveugle avec le projet de le replanter plus tard, dans un lieu adéquat ou même en pot sur une fenêtre. Il n'y a pas d'urgence, ces timides embryons d'arbres croissent d'abord si lentement. Et puis, un jour, ils me surprennent, ils ont brusquement pris de l'audace, de l'ampleur et jouent des coudes. Ils réclament une envergure, déjà celui-là fait de l'ombre au potager. Déjà les rudbeckias piquent du nez et tombent d'anémie, vampirisés par ce forsythia bouturé par hasard et bien fier maintenant.

Un jour il faudra choisir. Couper un arbre, même mort, est une tâche de chagrin.

Désarroi de printemps

Voilà, ça recommence. Les framboisiers, à peine feuillus hier, poussent aujourd'hui leurs tiges d'au moins cinquante centimètres, ignorant allègrement leur encadrement de fils pourtant joliment tendus. Encore une fois, je m'y prends trop tard, je vais consacrer des heures à démêler les branches, à les courber délicatement pour les passer à l'intérieur des fils et risquer à tout coup d'arracher les feuilles et de décapiter les bourgeons à peine formés.

Bien sûr, les fraises en profitent pour lancer un maximum de gourmands, de doigts accusateurs, que je devrai trier, sélectionner, couper. Il a beaucoup plu. En trois jours, toutes les herbes se réveillent, se révoltent, s'en donnent à cœur joie. Ces foldingues partent à l'assaut de tous les côtés à la fois, conquérant sans résistance allées, plates-bandes et potagers. Elles ne prennent même plus la peine de se cacher, d'avancer le pied en catimini, elles redressent la tête comme l'écume d'une mer en furie.

Bien sûr, les potirons, potimarons, courges babeurre,

spaghettis, éponges et toutes mes déclinaisons de cucurbitacées, si minables la veille, démarrent aujourd'hui leur course au gigantisme. Je ne sais plus ni où ni quoi pincer, diriger, éclaircir. Les cornichons réclament une attache immédiate sur leur grillage. Les petits pois, mal ramés, perplexes devant leurs branchettes trop fines, s'écroulent par endroits ou s'accrochent méchamment au thym, à l'oseille, à n'importe quel végétal qui passe à portée. Quant aux carottes et aux poireaux, ils poussent, presque trop bien, suggérant qu'un vrai jardinier éclaircirait leurs rangs et repiquerait dès maintenant. Repiquer où ? Peut-être à la place des petits pois, en tablant sur une récolte précoce... Sans planification préalable, le problème d'occupation des sols dans un potager vire à la broderie.

Voilà, je n'ai pas encore taillé mes lilas, il est peut-être déjà trop tard. Menaçant de tout casser, la clématite me somme de palisser ses pousses. La vigne aussi d'ailleurs. Les rosiers grimpants s'étranglent sur leurs fils. Epaisses et lourdes, les roses tirent de tout leur poids sur leur laisse et pendent dans l'anarchie la plus totale. Il faudrait simplement tendre d'autres fils plus haut, couper et répartir soigneusement une branche à tel étage, une autre à tel autre, etc. Plantes et jardinier se contrarient mutuellement et sans relâche. Pas d'armistice possible.

Bien sûr, je devrais vérifier sans attendre la montée, la « pincette » et les maladies des tomates. Et couper de toute urgence ces tiges d'oseille montées en graines et qui s'écroulent dans tous les sens. Les marguerites s'efforcent de doubler leur massif, elles asphyxient mon jeune laurier-sauce, il faudrait en enlever quelques pieds, les replanter ailleurs, dans un coin préalablement nettoyé.

Et vous n'avez pas vu mes gaillardes ! Non, celles-là, on ne les voit plus, elles n'ont plus d'air. Etouffées, au pied du sumac, par ces herbes folâtres qui poussent dru et par les rejets de l'arbre, qu'il faudra arracher. J'ignore les dahlias, à la tendresse déjà rongée par les limaces, les lis aux feuilles brûlées par les criocères, l'oïdium vorace sur les rosiers, les manchons de pucerons, toutes les maladies qui titillent les arbres, les pieds de muguet qui attendent depuis longtemps que je les replante.

Je ne m'arrête pas aux promesses de pommes qu'il faudrait surveiller, éclaircir. Ni aux patates qui profitent de ce que j'aie omis de les butter pour se relâcher. Ni aux rhododendrons qui meurent de soif, de chlorose et qui souhaiteraient que je les débarrasse de leurs fleurs fanées. Ni au cognassier du Japon, ce mou, ce paresseux qui s'étale par terre faute d'un corset. Ni au compost mal encagé qui déborde en cette saison avec ses strates irréfléchies et inutilisables.

Les fragiles et fades myrtilles attendent que je les soulage de leur bois mort. Ces maladifs, ces geignards se fabriquent déjà des mines pâlottes de délaissés. Evidemment, j'ai laissé passer le bon moment de cueillir et mettre à sécher les aromatiques, les médicinales. Mais il faut d'abord redresser l'églantier et l'arbre à papillons, tuteuriser ce rosier-ci, se décider enfin à supprimer l'horrible thuya qui s'arroge sans vergogne et la lumière et la terre, et remettre dans le droit chemin la glycine qui s'obstine à traverser les tuiles du toit.

Quelles autres plantes réclament des soins séance tenante ? Toutes ! Depuis les ravenelles qui viennent écraser les ancolies, exprès sans doute puisque je les avais plantées beaucoup plus loin, jusqu'au romarin qui se voûte et se déplume à la base, en passant par le myrte qui casse ses rameaux pour se venger de ma négligence, ou par les concombres qui jaunissent, énervés par des campagnols ou autres fouisseurs infernaux que je devrais tenter de décourager en plantant de l'ail. Quand j'aurai le temps.

Voilà, à la fin du printemps et avant que l'été ne calme la danse, la nature entre en folie, prise d'une frénésie éruptive. En cette saison, c'est le ras-le-bol, la démission, le manche après la cognée. La course perdue d'avance, le désarroi métaphysique, les travaux forcés. En cette saison, la nature court, court si vite et si astucieusement que, de toute façon, je cours toujours en retard. Je m'escrime donc à des travaux déjà dépassés pendant que s'accumulent les tâches urgentes et impératives. Car rien ne peut être ni négligé ni différé. Mon manque d'expérience et d'organisation s'aggrave d'un excès d'imagination.

En hiver, je me laisse tromper par l'air doux et calme du jardin. C'est un fauve endormi. Je crois bien maîtriser une situation qui, en fait, n'est statique que pour mieux prendre un élan diabolique. Alors je m'enthousiasme pour des graines, pour un autre bout de terrain à mettre en fleurs, pour quelques plantations dont la culture paraît fort simple. Retourner un carré de terre sera vite fait. Désherber, une occupation méthodique et tranquille. Je rebâtis le jardin, je jette les amorces de telle ou telle entreprise. Je sème dans la maison et dans ma tête, je projette toujours un peu plus et j'imagine le jardin fignolé, rutilant.

Quand vient la saison où les graines font des plantes et les plantes d'incontrôlables massifs, quand tout pousse, fleurit et chante, souvent je déchante. Le doute m'assaille sur l'utilité d'un travail toujours en devenir. Entre l'interventionnisme outrancier et le laisser-aller débridé, j'opte désormais pour des compromis. Bien repassé et amidonné, le jardin serait sans doute laid. Les mauvaises herbes deviennent parfois de fort jolies fleurs. Et puis, un jour ou l'autre, je supprimerai le potager.

La tomate

Du côté des légumes, la palme de l'empoisonneuse revient à la tomate. J'en arriverais presque à lui trouver un goût antipathique, à cette fausse bonasse. Du semis jusqu'à la récolte, impossible de la lâcher d'une semelle.

Constamment malade et grincheuse. Le climat picard ne lui vaut rien. Sans doute montre-t-elle meilleur caractère dans son pays d'origine, en Amérique du Sud. Quand elle débarqua du Pérou, on l'appela Pomme d'or, ou Pomme d'amour tant elle stupéfia ces pauvres Français qui, avant les grandes découvertes, ne connaissaient que peu de légumes et certainement pas ces ratatouilles bariolées.

Elle est rouge éclatant, elle est douce et juteuse à croquer. Elle s'apprécie partout, les chercheurs l'hybrident à tour de bras. On en compte une bonne centaine d'espèces, de Belgique, de Hollande, d'Italie, de toutes les régions, toutes les formes, toutes les grosseurs, qualités de saveur, de fermeté ou de résistance aux maladies.

Malgré tout, elle reste une étrangère dans mon jardin. J'ai du mal à l'accepter, sa fragilité m'agace. Les conseils de culture me paraissent complexes et contradictoires. La deuxième année de plantation, mes pommes d'amour décidèrent d'emblée de me contrarier. Elles devinrent anémiques, chétives, rabougries, hideuses. Je pris donc au sérieux l'avertissement de ne jamais planter des tomates deux fois au même endroit. Mais, ailleurs, on souligne que la tomate pousse sans problème à la même place d'une année sur l'autre. A tout hasard, j'optai pour la rotation.

Incapables de se débrouiller pour une croissance sans histoires, les tomates font des fruits trop lourds pour leurs tiges. Il faut tuteurer. J'avais consciencieusement aligné des piquets hauts d'une soixantaine de centimètres, de ces baguettes en plastique vert achetées dans le commerce. Les tomates ont grandi plus haut que leurs tuteurs. Je les ai changés plusieurs fois, pour finir avec des bâtons de presque deux mètres de haut, tordus et branchus à souhait pour mieux nouer mes ficelles, faute de quoi les tiges se plient et cassent.

Les feuilles et les tiges des tomates dégagent une odeur ferrugineuse, métallique, qui évoque pour moi celle des géraniums. Une odeur que je trouve gênante. Peut-être un goût de sang. Chaque fois que je bricole les tomates, que je farfouille les tiges ou les feuilles, cette odeur m'assaille. Heureusement, les fruits eux-mêmes n'en gardent aucune trace et ne sentent rien d'autre que la tomate.

Les ennuis commencent dès janvier-février, quand il

faut semer ces valétudinaires à l'abri, bien au chaud. Puis les repiquer dans des petits godets, toujours à l'abri, en évitant surtout de déranger les racines pour ne pas traumatiser la plante. Enfin, quand la terre se réchauffe, les optimistes peuvent tenter une première sortie, leur faire humer le fond de l'air, avant de les mettre en place, en rangs, bien au soleil et pas en plein vent. Souvent je trouve plus expéditif et plus sûr de les acheter en plants, l'avenir radieux promis par les graines m'incitant désormais à un certain scepticisme.

Pour les tailler, il faut les pincer. Pincer ? J'ai émis diverses hypothèses avant de saisir qu'il s'agit d'arracher avec les ongles toutes les feuilles ou pousses qui ne servent à rien dans le développement du fruit, mais au contraire pompent la sève et font de l'ombre. On pince donc les pousses qui se forment à l'« aisselle » de la plante : celles qui partent à la naissance d'une branche sur la tige. J'ai tâtonné toute une saison avant de comprendre. Maintenant je les reconnais même de loin. Elles poussent plus droites, dans un vert plus clair et plus tendre.

Quand vient la fin de l'été, que le soleil se fait moins abrupt, les tomates réclament qu'on les soulage d'une partie ou de la totalité de leurs feuilles, pour permettre aux fruits de boire toute la lumière. On voit alors ces longues tiges dénudées et tristes où pendouillent des boules de Noël, avec la mauvaise grâce d'une végétation citadine, des plantes étiolées.

Enfin, lentement, les tomates rougissent, on les cueille avec une gratitude infinie, une à une. Malheureusement, l'automne s'installe pour de bon, donnant le signal du nettoyage, le moment de les arracher, et il reste des tomates encore vertes, des têtes de mule. L'inventivité jardinière développe moult astuces pour tout utiliser, même ces récalcitrantes. On fait de la confiture de tomates vertes. Rangées dans une boîte à œufs et dans un local frais, les plus petites continueront, bon gré mal gré, leur lent cheminement vers la maturation. Justement, c'est la saison des pommes et, les pommes étant réputées dégager de l'acétylène qui accélère le mûrissement, on peut enfermer dans un sac en plastique une pomme et une tomate verte. Un test sur la fraternité des légumes en cage. Mes essais ne furent pas concluants : les pommes menaçaient de pourrir.

Mais auparavant, tout au long de cet été où l'on sue sang et eau en attendant que la tomate daigne virer au rose puis au rouge, la voici qui fait caprice sur caprice, maladie sur maladie. Pas assez d'eau ou au contraire trop d'humidité et elles se pâment, développent le mildiou, la fusariose et autres contrariétés. Leurs fesses prenant la couleur d'un cul de chaudron, les vieux manuels appellent maladie noire cette atteinte à l'intégrité des tomates. Pour l'éviter, on leur arrose le pied, surtout pas les feuilles. On surveille et on voit quand même les feuilles virer au jaune, au blanc, au marron sec avant de tomber. Les tomates se cerclent de noir. Elles ne luttent même pas. On peut les aider en perçant préventivement la base de la tige avec un fil de cuivre. Mais vraiment, il faut tout faire à leur place.

Cette année, j'ai donc fiancé mes tomates avec un bel

anneau de cuivre. Je me persuade que cette délicate attention les a aidées à résister plus longtemps. Peut-être était-ce simplement une bonne variété. Les hybrides, normalement, présentent un front plus têtu aux maladies.

Pas plus grosses que des billes, les tomates cerises montrent un caractère plus sympathique, enjoué. Mi-décoratives mi-alimentaires, elles ressemblent à de jolies baies que l'on grappille en passant, quand l'appétit musarde et que les doigts sont en mal de cueillette. Elles poussent touffues, en arbustes bas et malins, ne réclament que de petits tuteurs ramifiés pour prévenir leur tendance à ramper. Plus robustes que les grosses bêtes joufflues, elles s'accommodent d'un minimum de soins, taille négligente et arrosage épisodique. Plus jolies dans les massifs qu'au potager, elles se confondent avec les autres touffes vertes ou fleuries. J'apprécie leur clin d'œil dans mes plates-bandes, en passant.

Les tomates cerises mettent toute leur malice à ressembler à des sauvageonnes. Elles savent pousser n'importe où, se moquent souvent des maladies ou des parasites. Elles prennent un plaisir pervers à se resemer aux quatre coins du jardin, et de préférence là où on les attend le moins. Tous les ans, j'en trouve qui ouvrent l'œil au milieu des petits pois, des potirons, au pied des rosiers ou innocemment cachées dans les dahlias. Je ne les arrache pas, elles me plaisent et je les laisse aussi en témoins de mes cultures passées, de toutes ces graines dont j'ai gorgé la terre et que parfois elle ne m'a jamais rendues.

Les graines de tomates cerises germent toutes seules. Soit. Mais, ce qui m'intrigue, c'est qu'elles poussent ailleurs, à dix ou vingt mètres de leur lieu d'origine. Trop lourdes pour que le vent s'en charge, est-ce moi qui, dans mes trafics de brouettes, les ai transplantées ? Ou bien les oiseaux qui, leurrés par leur belle couleur et leur apparence de cerises à une époque où ils en sont frustrés, les ont volées et, dépités par cette tromperie, crachées plus loin ? Peut-être quelque volatile omnivore s'en régale-t-il.

Les autres tomates, les non-cerises, les grosses molles souffreteuses, bâillent d'ennui sur leurs tuteurs. Elles n'ont aucune imagination, aucune fantaisie, toutes vouées au fatalisme, tombant en langueur à la moindre alerte. Victimes désignées de tous les virus du potager, ces mal-portantes sont des nids à maladies. Même leurs cadavres sont suspects, il faut brûler leurs tiges après l'arrachage, en tout cas ne jamais les jeter sur le compost, elles contamineraient tout. La précaution la plus élémentaire consiste à désinfecter les tuteurs. L'hygiène d'une mise en quarantaine. Et cette odeur qui m'irrite tant est peut-être tout simplement celle de la maladie, d'une transpiration fétide.

Depuis quelques années, pour égayer un peu leur ambiance morbide, je plante entre chaque pied de tomates un pied d'œillets d'Inde. Il paraît que ces petites fleurs protègent les tomates de certaines maladies. C'est possible. Mais je crois surtout que leur gaieté met un frein à la paranoïa des autres. Et puis, si les tomates rechignent à se mettre en frais, on peut les ignorer et bavarder avec les fleurs.

Parasites !

Certaines années, les rosiers finissent l'été avec des allures de guenilles, teint plombé d'hépatiques, feuilles rares et recroquevillées. Le pommier lâche une à une, avec mépris, des pommes véreuses. Le cerisier enroule désespérément ses feuilles autour des cohortes voraces de pucerons. Tous les radis sont gentiment couvés, troués par la gourmandise des limaces. Sans parler des malheureux choux dont les piérides ne laissent que les nervures, de l'oseille mangée aux mites, des myrtilles qui s'évanouissent en s'appuyant sur les galeries de campagnols, des framboises qui encapuchonnent chacune son parasite, des dahlias en dentelle, de la menthe dont les feuilles se piquent de rouille, des tomates qui s'étoilent en noir, de la vigne pustuleuse et des lis entièrement dévorés par les criocères avant même qu'une fleur éclose.

Certaines années donc, le jardin ne semble habité que par des parasites, des goinfrons cyniques et sournois, crochus, ventrus, suceurs, piqueurs, fort bien armés et beaucoup plus nombreux que les étoiles et les grains de sable. Ils attaquent partout à la fois. Enrayer leur œuvre de destruction méthodique sans produits chimiques revient à agiter un drapeau blanc au milieu de la tempête. Le découragement me prend, j'ai envie de baisser les bras, faire mes malles et leur abandonner le terrain sans condition.

Impossible de lutter sur tous les fronts. Ma première tentative fut de secourir mes arbres, ces arbres que je ne trouve jamais assez beaux, ni assez grands, ni assez vieux, et que je voudrais bousculer dans le temps. D'abord, limiter l'invasion des pucerons. Hormis les coccinelles, les syrphes se régalent de pucerons. Je ne sais pas encore à quoi ressemble un syrphe. J'ai donc essayé la glu « attrape-insectes » sur les fruitiers. Quand l'arbre est jeune, il suffit d'entourer le tronc d'une bande de papier, bien serrée, et de l'enduire de glu. Les insectes montant ou descendant s'y collent, et plus tard on change la bande. Principe, moins l'arsenic, du papier tue-mouches ou de la machine à écrire quand on change la bande après avoir collé toutes les pattes de l'alphabet. Les arbres plus vieux supportent d'être badigeonnés à même le tronc. Il faut s'y prendre assez tôt, au printemps, avant que les pucerons sortent du sol et montent à l'assaut. La prochaine fois, je prendrai garde de ne les poser à hauteur ni de la main ni de la tête...

Certes, ce dispositif limite les dégâts des insectes venant du sol, mais pas ceux des volants, des papillons qui viennent pondre dans les fleurs de mon pommier. Contre les vers, on recommande de « protéger » les oiseaux, en particulier les pics. Protéger les oiseaux ?

Comment, sinon en les laissant faire... Je crains que quelque charmant pic, venu à la rescousse de mes fruits, ne se colle justement les pattes sur ma glu.

Pour se prémunir contre les chenilles, les jardiniers d'avant les pulvérisations chimiques se défendaient avec des macérations de feuilles de sureau ou bien allumaient des torches soufrées qu'ils promenaient sous les branches et le long de l'écorce. Des fumigations peut-être efficaces, mais l'arbre et ses feuilles prenaient certainement un sacré coup de chaleur. Je ne m'y risquerai pas. Mes pommes resteront véreuses, mais les feuilles de mon pommier auront meilleure allure. C'est un premier pas.

Le deuxième pas visait les limaces, dignement dénommées « mollusques gastropodes pulmonés terrestres » et, plus simplement, pour moi, des baveuses, morveuses et mal mouchées que je distingue sommairement en minuscules noires, petites blanches et grosses orangées. Celles-ci sont monstrueusement dégoûtantes, surtout quand on essaie de les écraser car, malgré leur aspect flasque, elles opposent une résistance ferme au pied. Et puis elles glissent. Pour les autres, pas de problème : en les posant sur une pierre plate, on peut les pilonner avec un caillou ou, si l'on préfère, les hacher avec un bout de verre tranchant. Bref, l'inventivité sadique n'est pas en peine.

D'ailleurs, qui connaît les rapports que ces trois espèces de limaces entretiennent entre elles ? S'agit-il d'une seule et même famille à différents âges, première, deuxième et troisième génération, de la nursery à l'hospice ? Ou bien n'ont-elles en commun que de cohabiter dans un même espace, mon jardin en l'occurrence ? Je ne les ai jamais vues mélangées. Que des noires, que des blanches ou que des orangées. La société limacière paraît strictement raciste.

Ces gastropodes reviennent avec les giboulées et ont leurs heures de sortie. A l'humidité du matin, elles débordent d'activité. Dans les radis, par exemple. Les limaces sont responsables de ces petits trous dans les tendres renflements roses. J'ai vu des blanches complètement enroulées autour de la racine. Immobiles. Elles mangent ou elles digèrent, elles rêvassent, les innocentes. Par dizaines. Une heure après, on n'en voit plus une seule. Elles filent se cacher sous terre. Si l'on gratte un peu, on trouve un nid de bave blanche, léger comme un échantillon de toile d'araignée.

Pareil pour les dahlias. Quand ils essaient de sortir, tout jeunes, tout tendres et que leurs feuilles amorcent juste un déploiement, voilà qu'un beau matin il ne leur reste qu'un moignon de tige au ras du sol. Les limaces et les escargots sont passés par là, ils ne font pas dans le détail. Si le dahlia passe l'épreuve, il grandit, durcit et, avec ou sans coquille, les gastropodes changent de régime. Une maladie infantile en quelque sorte.

Pour lutter contre pareille engeance, une des ruses consiste à utiliser leurs mœurs dissolues. Les limaces raffolent de la bière et il suffit d'une soucoupe remplie pour qu'elles viennent s'y ébattre et se noyer. Une mort d'ivrogne bien méritée. Je me demande quand même qui a fait cette trouvaille. Il fallait un bien curieux jardinier pour oublier de la bière dehors, la laisser s'éventer dans une soucoupe.

Les pièges à limaces vendus dans le commerce ressemblent vaguement à des boîtes de conserve surmontées d'un petit chapeau conique, du genre poterie de cheminée. C'est joli, c'est vert, on dirait un abri plutôt qu'un piège. J'ai disposé ces boîtes, remplies de bière jusqu'à mi-hauteur, près du coin aux radis, aux dahlias. Le lendemain, une demi-douzaine de limaces, des grosses orangées et des petites noires, bavaient là-dedans tant et plus, suicidées en pleine extase. Effectivement mortes, noyées. La guerre aux limaces revient cher : presque une canette de bière par piège, à renouveler tous les jours, bien sûr. Une mixture glauque, aussi baveuse que blancs d'œufs battus, où trempent ces mous mollusques... Je ne sais pas où la jeter.

Reste que les limaces, à l'instar de leurs cousins escargots, servent de pluviomètre. Indicatrices de l'humidité ambiante plus que de celle à venir. Signe de printemps froid : « A Noël les limaces, A Pâques les glaces. » Je n'ai pas vu de limaces à Noël. Mais je ne les ai pas cherchées non plus.

Pucerons, ail et capucines

J'ai voulu soulager mes rosiers dans leur agonie annuelle en leur offrant à chacun des gousses d'ail. Plantés comme un cercle magique autour de chaque pied, pour enrayer le terrible oïdum du rosier. Le champignon recula, hésita puis, s'habituant sans doute à l'odeur ou se pinçant le nez, revint à la charge. Les feuilles de mes rosiers s'éclaboussent déjà de petites étoiles blanches ou noires, perdent leur éclat et leurs couleurs. Elles tournent aux fantômes de feuilles, peut-être un peu moins vite que les autres années. L'ail, lui, pousse très bien.

Les rosiers sont les victimes toutes désignées des pucerons. Outre l'ail, je sème à leur pied des capucines, qui ont la réputation d'éloigner ces cohortes d'Aphidinas, ou plutôt de les attirer sur elles puisqu'elles constituent leur mets favori. Elles poussent sans problème, les folles, sans se douter de ce qui les attend. Cyniquement, je leur souhaite de beaucoup grandir, beaucoup grossir et de faire beaucoup de fleurs. Partout où j'en sème, les feuilles se hissent de terre, rondes, plates, vert foncé, plus ou moins grosses, plus ou moins serrées. La morphologie des feuilles et des fleurs m'évoque un peu celle du potiron. Dans leur âge tendre, les fleurs de capucines se mangent en salade, mais je préfère qu'elles engraissent les pucerons. Pour ne rien laisser au hasard, j'en sème des naines au pied des polyanthas, des normales au pied des rosiers buissons et des grimpantes au pied des rosiers grimpants. Elles prennent parfois une telle ampleur qu'il devient difficile de désherber les rosiers sans abîmer les capucines ni les aulx qui repoussent en masse. Un peu la pagaille mais le tableau n'est pas vilain et les capucines font des fleurs éclatantes.

Plante annuelle, à semer chaque printemps, la capucine, dont je trouve la générosité décidément inépuisable, m'a réservé la surprise de repousser spontanément par endroits. Une de ces joies bouleversantes qu'on éprouve parfois devant de toutes petites choses : quand, mes graines à la main, je découvre au milieu des aulx de minuscules feuilles bien reconnaissables, de tout petits bouquets de capucines à quelques centimètres des précédentes, montant leurs parasols, leurs nénuphars de feuilles. Malgré tout, j'installe mes nouvelles graines, en voisines. Plus les capucines seront nombreuses, mieux ce sera.

Dès leurs premières fleurs, elles prennent le deuil, se voilent de noir tant les pucerons se précipitent au festin, couvrant les tiges puis les feuilles d'un véritable manchon sans laisser un millimètre découvert. Les capucines résistent fort courageusement. Quant aux rosiers, ils sembleraient tirés d'affaire, dédaignés par ces pucerons-là, s'ils n'étaient pas aussi victimes d'une autre catégorie de pucerons, des lanigères qui sournoisement se propagent sous l'écorce et sucent la sève de l'intérieur. Et puis, j'ai un doute. Outre la culpabilité qui me titille de livrer ainsi d'innocentes fleurs en pâture à ces pourceaux, je me demande si, à engraisser aussi royalement ces voraces, je n'encourage pas leur prolifération et si, d'année en année, ils ne vont pas revenir chaque fois plus nombreux.

Les pucerons ont une mentalité de conquérants. Ils ont débarqué chez nous au début du XIXe siècle. J'aurais bien aimé connaître le jardinage avant leur arrivée. Partis d'Amérique du Nord, ils se sont d'abord arrêtés en Normandie, histoire de se faire un peu de gras dans la douceur des bocages. De là, leurs hordes dévalèrent et envahirent l'Hexagone. Je suppose qu'ils ont gagné l'Europe entière, ont poussé plus loin. En tout cas, ils occupent mon jardin.

Tous les ans, en même temps que les considérations sur le printemps pourri, jaillit un cri d'alarme : « Ça y est ! Voilà les pucerons ! » Ils arrivent par vagues, une armée silencieuse, une armée à nourrir, remontent de la terre en groupes serrés, rôdent jusqu'aux bourgeons et là se tassent, s'agglutinent jusqu'à former comme une deuxième peau. On dirait qu'ils veulent empêcher la moindre goutte de soleil ou de pluie d'atteindre la plante. Peu de feuilles ou de fleurs leur échappent. Ils viennent comme viennent les saisons. Tantôt verts, tantôt noirs, sans compter ceux qu'on ne voit pas. La variété ne manque pas : les pucerons comptent quelque huit cents espèces.

J'ai essayé divers remèdes, pêchés au hasard des magazines, des manuels. Une année, j'ai fait l'expérience de la nicotine, puisqu'ils seraient allergiques au tabac, bronches fragiles, respiration asthmatique, etc. Sans bien connaître la méthode, j'ai mis des mégots à macérer dans une bassine, puis filtrai la décoction et en arrosai le pied des plantes. Les pucerons ont bien rigolé. En fait, il faut pulvériser. Et comment savoir quel tabac se révélerait le plus redoutable ? Je pencherais pour du blond, importé d'Amérique, celui justement que les pucerons cherchaient à fuir en s'embarquant.

Une autre technique douce consiste à protéger leurs prédateurs naturels. Les coccinelles à deux ou sept points, par exemple. Et comment protège-t-on les coccinelles, sinon en s'abstenant de les écraser, ce qui ne paraît qu'une bien légère sauvegarde ? Quant aux « lions des pucerons », ils ont un surnom de bon aloi et en paraissent d'emblée redoutables. Il s'agit de larves de termites qui raffolent de ces petits insectes. Mais est-il bien nécessaire de remplacer les uns par les autres ?

On a observé que les pucerons craignent les aspersions d'eau salée. L'efficacité de cette pratique semble douteuse sur des surfaces plus grandes qu'un rebord de fenêtre. En outre, jamais je n'oserais saler mes roses ou mon cerisier. J'aurais trop peur qu'eux non plus n'apprécient pas le sel.

Certaines fois, les fourmis permettent de débusquer les pucerons. Quand on voit des fourmis à la queue leu leu faire leurs allées et venues sur une branche empuceronnée, il ne faut pas croire que leur trafic consiste à s'approvisionner en pucerons, à donner un coup de main pour nettoyer la nature. Les fourmis travaillent simplement sur leur ferme, elles font de l'élevage de pucerons et les traient comme on trait les vaches. On appelle les pucerons les « vaches des fourmis ». Elles raffolent du liquide exsudé par les pucerons, donc, toujours économes, elles les ménagent, les entretiennent comme on prend soin de son cheptel. Qui sait si elles ne poussent pas le vice jusqu'à soigner leurs petits malaises, leurs allergies provoquées par la nicotine, l'eau salée ou autre ? Contre les fourmis, on peut toujours déverser son marc de café au pied des plantes. Mais on n'y lit pas leur mort : elles reviennent le lendemain.

Dans l'indécision, je ne fais pas grand-chose. J'écrase les pucerons, cela fait au bout des doigts une mélasse verte, assez dégoûtante, assez inutile. Je bine la terre, j'englue mes arbres, j'essaie ci ou ça ou rien du tout. Et puis, comme tout le monde, j'espère que l'hiver sera froid, assez froid pour tuer tous ces œufs, larves, insectes, chenilles, pas trop froid pour que ne gèlent ni le laurier, ni le fuchsia, ni la vigne ou l'hibiscus. Tout est affaire de dosage.

Framboises et myosotis

L'an passé, les quelques haricots qui daignèrent pousser avaient montré leur tête manifestement à contrecœur, rachitiques et boudeurs. La responsable de cette mauvaise humeur s'appelle la mouche des semis. Une mouche particulièrement vicieuse qui irait pondre sous terre pour que ses larves se goinfrent de graines, justement à l'époque où, moi, je sème. C'est fou ce qui se passe sous terre dès qu'on tourne les talons. Au bout de mon rang de haricots, j'ai donc planté de la sarriette, réputée souveraine contre la mouche des semis. Malgré tout, je crains le pire. Le rang de haricots s'allonge loin et ma touffe de sarriette, toute neuve, paraît bien faible. L'an prochain, elle sera plus grosse, mais peut-être ne sèmerai-je pas de haricots.

Et les framboises ? Ne ferai-je rien pour ce fruit qui donne sans compter, qui pousse sans problème ? Couleur lie-de-vin, elles se mangent toutes chaudes de soleil, elles se grappillent par distraction ou s'effondrent en tartes, en sirop, en confiture, en coulis. Toute la saison, elles mûrissent jusqu'à satiété. Et je ne tenterai rien pour les débarrasser de ce ver des framboises qui les ronge ? Sur les indications d'un manuel, j'ai planté dans leurs rangs des pieds de myosotis, des bleus, des roses. Les framboises méritent bien qu'on leur offre de jolis colifichets par gratitude. Les myosotis ont tous fleuri, contents d'être là. Ils ajoutent de loin, avant que les framboisiers montent très haut, une charmante touche de bleu, de rose, au ras du sol, assez discrète, assez vague, attendrissante comme un ronronnement en mottes. Les framboises me paraissent moins véreuses. Mais en été, quand les tiges ont poussé haut et touffu, les petites fleurs s'anémient et meurent d'asphyxie. Sauf celles des bords. Il faudrait donc replanter les framboisiers en un long rang unique bordé de myosotis. Au jardin, s'acquitter d'une tâche revient à gratter une vieille peinture : derrière on découvre deux ou trois autres travaux encore plus contraignants.

Des maladies...

Tant et tant de parasites différents — chacun avec ses particularités, ses saisons et ses victimes de prédilection, sur un si petit espace — que je m'y perds. Je soupçonne d'ailleurs la plupart des jardiniers de fort mal connaître les ennemis de leurs plantes. La tradition est impuissante : tous les ans, de nouveaux virus débarquent d'Afrique ou d'Amérique — autrefois, les parasites étaient régionaux, à l'image de l'économie. Juste retour des choses, puisque beaucoup de nos légumes et de nos fleurs sont eux aussi de souche étrangère.

Maladies, parasites, chancres, champignons, tous s'en mêlent et se mélangent, attaquant parfois à plusieurs la même plante. Devant un arbuste qui se mange les feuilles, je reste perplexe. Voilà : « Il a une maladie. » Quant à savoir laquelle ! Identifier le parasite relève de la magie. La terre et ses malaises reprennent leurs distances. En traitant tout, en bloc, les insecticides font office de sorciers. On jardine avec des composés chimiques aux appellations compliquées, des abracadabras plus rébarbatifs à mémoriser que la bouillie bordelaise. Si j'ignore les produits chimiques, c'est certainement moins par principe que par paresse intellectuelle.

Mais à quoi ressemblait donc le travail du jardin quand les ennemis étaient aussi limités que la variété des cultures ? Peut-être était-ce plus facile, peut-être aussi plus monotone.

Les choux

Cette année, je n'ai ni semé ni planté de choux. Manque d'enthousiasme. Manque de courage. Parfois la tête me tourne devant l'incessant manège des détails par centaines qui réclament attention et intervention. Envie de musarder, cueillir les fleurs, écouter les oiseaux, froisser les feuilles ou mâchonner un brin d'herbe.

Pourtant, l'hiver arrivant, je sens un vide là où ils se gonflaient l'an passé. C'est très beau, une planche de choux. Ils alignent des sculptures vert-de-gris, bleutées, presque minérales, oubliées sous la pluie. Quand tous les carrés potagers se désertifient les uns après les autres, les occupants mangés, rentrés, protégés, ce sont les dernières sentinelles, fières et solitaires, à résister sur le terrain. Fermement plantés sur leur gros pied, les voilà résolus à affronter seuls la mauvaise saison.

Ils ne sont pas bavards, les choux. Ils ne frémissent pas au vent, ils ne se recroquevillent pas quand le gel vient perler leurs feuilles, ils ne bougent pas d'une nervure quand la neige les agace. Bref, ce sont de grands insensibles aux postures de pierre. A moins qu'ils ne cachent un cœur trop tendre sous leur rude carapace, allez savoir ! Chez un chou, tout pousse massif. Les feuilles, à gros grains, prennent une épaisseur impressionnante, une ampleur tranquille, comme un hercule qui joue des muscles. Les nervures, à fleur de peau, finissent en gros canaux noueux, veines de vieillesse.

Le chou ne désarme jamais, même quand les chenilles de la piéride le rongent jusqu'à l'os. Il continue à tendre ses feuilles décharnées, ses nervures à nu, avec la fierté d'un arbre mort. Pourtant, quand la piéride s'y met, elle se montre impitoyable, rognant aussi inlassablement que la mer son rocher, molécule par molécule, jusqu'à ce qu'il ne reste que de la dentelle de chou.

Une telle voracité justifie toutes les astuces expérimentées par les jardiniers. Les uns recommandent de déposer une litière de genêt encore vert entre les plants. D'autres conseillent de répandre de la cendre sur les choux, de préférence par temps pluvieux. Les chenilles sans doute n'apprécient pas la cendre. Mais les choux, l'aiment-ils ? Si l'on ne dispose ni de genêts ni de cendre, on peut, à la rigueur, planter du chanvre ou du trèfle à côté d'eux. A la rigueur, parce que cela suppose de replanter tous les ans des choux au même endroit. J'aime mieux renoncer à prévoir. La culture du chanvre ou du trèfle doit certainement présenter d'autres inconvénients.

Il n'y a qu'une seule piéride du chou, mais il y a chou et chou. Elle les aime tous. Chou cœur-de-bœuf, chou pain-de-sucre, chou cabus, chou gaufré, chou non-pareil, chou trapu, doré, palmier, cavalier, branchu, chou-fleur ou brocoli. A eux seuls, les choux pommés forment une famille d'une centaine de membres. Chaque espèce a son mois de plantation privilégié. Il y en a pour toute l'année. Une telle variété de noms et de formes témoigne de la pérennité du chou. D'une région à l'autre, d'une génération à l'autre, le chou a eu le temps d'évoluer et de s'accommoder de multiples façons. Saint Fiacre le cultivait déjà au VIIe siècle. Peut-être la piéride n'existait-elle pas encore. Ou bien l'accompagne-t-elle en sœur fidèle depuis ses débuts ? Impossible de savoir ni d'où vient le chou ni quand il est apparu. Je ne serais pas étonnée qu'il ait précédé les hommes.

La désolation de voir mes choux réduits à l'état de squelette est compensée, l'été suivant, par une merveilleuse invasion de papillons. Au stade de la chenille, la piéride ressemble à un minuscule serpent rayé vert-jaune, avec de tout petits points noirs. Quand on l'écrase, il en sort un jus vert qui s'allonge comme un fil. Quand on ne l'écrase pas, il en sort ce papillon blanc à taches noires, signe de beau temps, si commun mais si joli, et qui n'a gardé de la chenille que ses quelques points noirs. Ils se posent ici ou là dans mon jardin, si nombreux qu'ils ajoutent des fleurs partout où il en manque.

Mais enfin, pourquoi ces diables de papillons blancs viennent-ils systématiquement pondre sur les choux ? J'y vois un certain manque d'imagination, en même temps qu'une volonté délibérée de me décourager.

Les carottes

Durant deux saisons, j'ai semé des carottes en pure perte. Un jour, j'apercevais un léger friselis vert. Le lendemain, pfut ! plus rien. Pourries ou dévorées, happées encore en graines, presque au berceau, par quelque ogre souterrain. Pas une seule carotte, rien.

Peut-être avais-je commis une fausse manœuvre. Plus vraisemblablement, les altises, ces puces de terre que je ne vois pas, dont j'ignore à quoi elles ressemblent, transformaient-elles mes sillons si propres en tranchées de bataille et mes graines en objets de pillage. Véritables vampires, suceurs de vie à peine éclose et qu'éloigneraient de copieux arrosages. Mais, si l'eau me débarrasse des altises, voici les limaces et les araignées qui se régalent à qui mieux mieux de mes tendres carottes. Je pourrais, bien sûr, répandre des infusions de suie pour faire fuir les araignées. L'engrenage diabolique : une intervention provoque une réaction qui nécessite une autre intervention, et les amateurs comme moi, découragés, comprennent très vite qu'ils n'appartiennent pas à ce monde minuscule et qu'ici ils dérangent, ils gênent, ils ne font que gaffes et fausses notes.

Une fois les altises terrassées, les carottes grandissent. Alors, interviennent les brigades des mouches de la carotte et il faut, immédiatement, stopper les arrosages. En creusant des sillons, des galeries spéléologiques dans la carotte, les mouches les rendent immangeables. Ou plutôt, les larves de la mouche car les nourrissons causent plus de ravages que leurs parents, avec leurs régimes alimentaires « spécial croissance ».

Qui veut ruser avec la mouche de la carotte dispose d'un arsenal de trucs. Le premier relève d'un conseil d'ordre général : la rotation des cultures. Il suffit de semer alternativement des carottes et des poireaux ou des oignons. Ou bien, simultanément, de les associer avec poireaux ou ciboulette. Les effluves forts éloigneraient ces mouches et nombre d'autres parasites. Il faut croire que les nuisibles ont le nez délicat. Les jardiniers sadiques arrosent directement leurs semis de carottes avec des distillations d'ail ou d'oignon.

Une ruse moins évidente consisterait à piéger les mouches avant qu'elles pondent avec des « panneaux peints en jaune et enduits de glu »... Mais tombent-elles vraiment dans le panneau ? Un jour, j'essaierai, histoire de vérifier s'il s'agit d'un canular ou si les mouches viennent vraiment inscrire des pattes de désespoir sur ces tableaux lumineux.

A cause du voisinage des poireaux, à cause du vent ou du temps, ou d'extrême complaisance, mes carottes ont poussé. J'ai enfin vu leurs queues de cheval frisées, leurs crêtes guerrières monter à l'assaut, prendre de l'opulence, faire des grâces au vent, minauder au soleil. Sous le bouquet vert commençait à s'arrondir, au ras du sol, le petit anneau de couleur orange. Elles poussaient, elles poussaient vite, mes diablesses.

L'étape suivante posa un autre problème. Elles poussaient serrées par dizaines, en paquets si compacts et denses qu'il fallut éclaircir. J'en ai tiré quelques-unes par les cheveux. Elles résistaient avec acharnement, préférant se casser net au ras de la tige ou à mi-racine plutôt que se laisser déporter.

Une autre année me fut nécessaire pour élaborer cette tactique si banale, si évidente : soulever très légèrement le paquet de racines avec la fourche-bêche, tirer délicatement l'élue et tasser tout aussi délicatement la terre autour des sursitaires. Lesquelles vous sont tellement reconnaissantes pour ce temps de grâce qu'elles grossissent et vous montrent très vite un tour de taille formidable.

Un si joli criocère

Mes lis commencent en beauté, toilettent leurs nouvelles feuilles jusqu'à ce qu'elles luisent et reluisent. Mais ma naïveté s'estompe, je connais leurs manières et ne leur fais plus guère confiance.

J'ai oublié le nom et le sous-nom de mes différentes espèces de lis. La taille, la couleur, les fleurs, la silhouette des tiges diffèrent de l'un à l'autre. Et surtout le parfum. Certains n'émettent quasiment pas d'odeur. Neutres. On les dirait presque mortifiés. D'autres épanouissent des fleurs exotiques, énormes et jaunes. L'impression de vitalité quasi tropicale qu'ils dégagent vient en partie de leur parfum qui, le soir, envahit le jardin entier. Une odeur lourde et sucrée, vulgaire, un parfum de cocotte, qui s'impose sans vergogne et étale ses jupes sous votre nez. L'air paraît saturé de poudre de riz. Ces lis-là écrasent tout leur entourage de leurs œillades odorantes et molécules clinquantes.

Ils devraient apprendre l'humilité, ils ne valent pas mieux que les autres. Eux aussi, après leur joyeuse émergence, se ratatinent, se rabougrissent, se dessèchent et terminent lamentablement l'été, en guenilles et ruinés : ni fleurs, ni feuilles, ni tiges parfois. Les couvrir à l'automne de cendre de bois ou de marc de café pour raviver leurs futurs atours ne sert à rien. Les lis tombent les uns après les autres, victimes du criocère, ce ravissant coléoptère qui s'en délecte outrageusement.

Par le côté répétitif et inéluctable de sa déplorable attitude, le criocère commence à m'agacer. J'éprouvais pourtant envers lui quelque indulgence, tant il est beau. Mais il prospère sans complexe, gagne en nombre et en efficacité, commet des dégâts foudroyants. Il poste sournoisement ses premières batteries, se fait la main par d'insignifiants trous dans quelques feuilles et continue en gangrénant la plante entière. Pour finir, le lis voit ses feuilles totalement rognées, il n'en reste que de sinistres lambeaux morts. Mais où le lis trouve-t-il le courage de repousser chaque année ? Ne va-t-il pas comprendre un jour la vanité de ses efforts ? Les plantes aussi peuvent devenir fatalistes, baisser les bras devant trop d'adversité, à moins qu'on ne leur manifeste une sollicitude, quelque geste d'encouragement. Je n'en ai trouvé aucun.

Nul indice sur les dégoûts du criocère, nulle piste pour conduire à un prédateur quelconque, à une parade préventive, un panneau d'interdiction. J'ai passé de longues minutes à nettoyer mes lis, feuille à feuille, au jet d'eau. Le lendemain, ils reverdissaient, étalaient des feuilles optimistes. Mais une semaine plus tard, ils rechutaient et piquaient du nez. Retour à la case départ.

Les criocères ont leurs heures de sortie. Au soleil de

préférence. Sans doute craignent-ils que la pluie ou la rosée n'abîment leur jolie livrée. Longtemps je les ai crus invisibles, absents, n'œuvrant que la nuit. En fait, ils restent d'une telle immobilité qu'il faut les savoir là pour les voir. Les criocères sont d'une méfiance instinctive, sans doute à cause de leur éclatante couleur de fête qui les ferait vite repérer, cet orange-rouge si brillant qu'on dirait un vernis, un émail.

Le séduisant coléoptère s'enchâsse sur une feuille comme un bijou. Il ne bouge pas. Mais il suffit d'avancer la main trop brusquement, avec des intentions prédatrices trop évidentes, et il disparaît. Où ? On peut fouiller, détrousser la plante de haut en bas, le criocère s'est bel et bien évanoui. Pourtant, les lis ne recèlent pas tant de poches ni de recoins... Le malin a mis au point une tactique aussi simple qu'efficace : à la moindre alerte, le criocère se laisse tomber par terre, sans plus bouger qu'un caillou. Il ne court pas, il ne se cache pas, il chute et cela suffit pour qu'on le perde.

Maintenant, le matin, à l'heure du criocère, je m'approche, j'inspecte les feuilles et la terre, sans toucher. J'en vois un, puis un autre, un autre encore, parfois deux ensemble qui s'occupent à trafiquer la génération suivante. Je les écrase sans pitié, malgré leur beauté, j'ai attrapé un assez joli coup de main. Mais rien n'y fait, mes lis continuent à pleurer misère. Je soupçonne les criocères de nicher sous la terre, de délibérer la nuit et de n'envoyer au compte-gouttes que quelques condamnés.

Les feuilles promises au sacrifice par le criocère se

parsèment de trous et de tas noirâtres, dégoûtants, qui font penser à d'insouciantes bouses molles. Qu'on les enlève et ils reviennent et ils grossissent. Ces mollusques bilieux paraissent enfler comme des larves. De fait, ce vilain déguisement cache les larves du criocère qui, non contentes de se goinfrer du tissu vivant des feuilles, font là leurs besoins et s'y vautrent, s'enveloppant d'une couette de déjections.

Il faut toujours se méfier d'un bel insecte : plus il est joli, plus ses mœurs sont dégénérées. J'ai vu quelques criocères qui, après avoir liquidé un lis, se sont rués sur le dahlia voisin, ce qui paraît, pour un parasite réputé d'une fidélité exclusive, un comportement contre nature. N'empêche. Si pervers soit-il, je trouve ce parasite-là presque sympathique. Il est si joli.

Les cercles du potager

Mes connaissances en cultures associées sont encore toutes fraîches et mon enthousiasme est à l'échelle de mon précédent découragement.

La théorie paraît simple : il s'agit de faire chaperonner une plante par une autre réputée exercer une action répulsive sur les parasites ou champignons qui raffolent de la première. Tous ces petits trucs vieux ou nouveaux, ces astuces de professionnel donnent l'illusion de soigner sans intervenir directement. La douceur de l'homéopathie pour éviter le tranchant de la chirurgie. Sans conséquence à long terme, ce traficotage mécanique me rassure : mes erreurs ne seront que bénignes. On peut tout bouleverser, tout remettre en question d'une année sur l'autre.

Ces techniques n'excluent malheureusement pas une certaine expérience et une longue pratique. Car les informations grappillées, confuses et sitôt oubliées, ne servent parfois qu'à m'enfoncer davantage dans mon ignorance. Deux ou trois associations de légumes me ravissent. Au-delà de quatre ou cinq, je m'y perds. J'imagine mon potager en cercles concentriques où il faut sans cesse rajouter un anneau, inverser les uns, espacer les autres pour injecter de nouveaux végétaux. Bref, plus j'avance, plus je me sens désemparée.

Il faut prévoir, planifier dans le temps et dans l'espace. Certaines cultures vont pousser ensemble qui ne se sèment pas à la même époque et, surtout, qui ne se récoltent pas en même temps. Mes petits bouts de potagers ayant une superficie restreinte, les rangs de petits pois, carottes, haricots, courgettes ou patates se calculent chèrement, au plus juste, et je compte souvent sur une récolte précoce de l'un pour repiquer l'autre au même emplacement. Les locataires se succèdent par roulements rapprochés.

D'une année sur l'autre, j'oublie les mois de semis, les particularités des uns et des autres, je plante à tout-va, je néglige de réserver la place de tel ou tel futur occupant. Un hôtel fort mal tenu. Quand les années de routine ne se comptent pas par dizaines, les distractions s'accumulent. Au moment de remettre mes dahlias en terre, je me rends compte que l'automne passé j'ai enfoui là des lis et des tulipes.

Cette manière de planifier le jardin par lopins est une façon paresseuse de prendre la nature à rebrousse-poil. En ne considérant que le bel effet d'une touffe de marguerites au pied du cerisier, j'oublie qu'en les plantant je vais déranger, blesser les racines de l'arbre. Je pense mon jardin par détails juxtaposés, là où il faut une vision globale. Les cultures associées deviennent un casse-tête où je néglige toujours un élément. Il faudrait dresser des schémas, des scénarios au minutage précis.

Travaillées une à une sur le terrain, ou dans leur ensemble en imagination, les cultures associées me séduisent. En pratique, tout me dépasse.

L'ail figure en bonne place. Recommandé contre la pourriture grise des fraises : un rang de fraisiers, un rang d'aulx, un rang de fraisiers, etc. L'an dernier, à la fin de leur saison, mes fraises avaient tendance à pourrir avant maturité, du moins celles que le crapaud et les limaces avaient laissées. Simple constatation que j'attribuai, comme tous les mystères, au climat trop sec ou trop humide. Ce n'était, ma foi, plus la saison des fraises, voilà tout. En fait, ces pauvrettes se mouraient, victimes du terrible botrytis qui les fait pourrir avant l'âge et qui, en digne arrière-cousin de Dracula, recule devant de simples gousses d'ail.

J'achetai un plein sac d'ail à planter. Mes trois malheureux carrés de fraises n'en réclamaient pas tant. Providentiel pour l'apprenti jardinier, l'ail combat aussi l'oïdium du rosier et, de plus, son odeur ferait fuir les campagnols. Pour la chasse aux rongeurs pervers, son maniement me parut plus aisé que l'impossible protection des rapaces et des belettes.

Soupçonnant donc les mystérieux quatre-dents de n'être que de vulgaires campagnols, j'ai planté consciencieusement de l'ail dans tout le jardin, triant les gousses pour garder les plus belles, celles du pourtour, en dédaignant celles du cœur. C'est joli, une tête d'ail, les épluchures avec leur transparence de papier, les gousses si blanches, veinées de rose, renflées, serrées comme des dents autour d'un secret.

Entre les fraisiers, au pied de chaque rosier, des myrtilles, des rhododendrons, dans les plants de courgettes, les buis, sous le seringa, le fuchsia, partout, en obole aux plantes menacées par les campagnols, l'oïdium ou la pourriture, j'ai planté mes gousses d'ail.

Les campagnols s'en moquèrent royalement, allant jusqu'à scier certaines tiges à la base. Parfois, mes gousses d'ail gisaient piteusement au bord de leur trou de voyeur, rejetées comme sous l'effet d'un souffle mauvais, d'une rage, une colère ou de l'envie d'une grosse farce. A moins que les habitants du dessous ne fussent brusquement saisis d'une frénésie ménagère...

Même les défenseurs ont leurs faiblesses. Je n'ai pas pris garde que l'ail ne s'enfouit pas dans une terre fraîchement fumée, sous peine d'attraper à son tour une maladie très personnalisée : la graisse de l'ail. Mais alors, comment dans le même endroit fumer les uns et ne pas fumer les autres ? Comment enrichir de compost le pied du rosier tout en plantant de l'ail au pied du même rosier mais pas dans la même terre ? Les cultures associées ont des ramifications un peu complexes.

Peut-être aurai-je cette année une récolte d'ail phénoménale. Sinon, si mes aulx tombent victimes de la graisse, j'espère qu'ils ne rendront pas le dernier soupir avant d'avoir rempli leur mission et écarté toute menace de mes protégées. Et puis, l'ail avec ses tiges si fières, ses fleurs serrées drues comme un poing vengeur, habille mon jardin aussi dignement qu'autre chose.

Les parfums en chemin

En contrepoint de l'exhibitionnisme des fleurs et des légumes, mon jardin caché, jardin pudique, file petit à petit une trame d'odeurs, des signes de piste dans ma tournée matinale. Je me lance précautionneusement dans les plantes aromatiques, les médicinales, celles à tisane, à assaisonnement. Je ne sais pas m'en servir, ni les soigner, ni bien les sécher, j'oublie leurs propriétés, leurs noms communs ou savants, leurs époques de cueillette, mais j'aime leur présence dans mon jardin. Pour rien, pour apprendre, pour tous les possibles. Mon côté sorcière. Elles me racontent que la nature a des mystères plus vastes que les miens.

Les plantes d'odeur, si banales d'aspect, dissimulent sous leur habillement quelconque des façons racoleuses. Elles se partagent un autre territoire, un jeu compliqué avec des règles variant selon les heures et les saisons, tissant dans l'air d'invisibles ramifications et créant une harmonie différente. Je les ai d'abord plantées n'importe où, au gré des achats, des coups de cœur et des endroits disponibles. Et puis, petit à petit, à certains silences, certaines bouderies dans l'ambiance pourtant si gaie du matin, qui chasse les cauchemars et redonne une jeunesse aux plantes les plus vétustes, j'ai compris qu'elles se morfondaient au voisinage de belles idiotes qui ne pensent qu'à danser ou d'herbes hargneuses et stupides.

Toute seule dans son coin, la sarriette s'affale dans la morosité, si loin de la sauge et de l'estragon. La menthe, le long de son mur, se navre en compagnie des orties. Elle trouverait plus facilement des interlocuteurs de son monde avec la mélisse et la menthe poivrée. La délicate coriandre se sentirait plus à son aise, plus jolie, à cerner le persil plutôt qu'à bêtement entourer mon carré de fraises. Les odeurs se soutiennent mutuellement, elles se font mille grâces et politesses, et ne s'épanouissent au mieux que voisinant, bavardant entre elles. Les touffes de thym plantées à côté du luxuriant romarin gagnent une suavité, une légèreté d'odeur que n'ont pas les exilées en bordure du potager.

Les odeurs aussi cherchent à marquer leur territoire, elles défendent âprement leur place dans l'air et se font d'autant plus agressives qu'elles entrent en concurrence acharnée. Alors elles se surpassent, chacune essayant de parler plus fort que sa voisine. Les odeurs ne sont pas, comme je le croyais, de jolis effluves à piquer au petit bonheur. Elles ne ressemblent pas aux couleurs que l'œil peut accrocher en musant, une touffe de pivoines au milieu du vert de l'herbe. Elles ne brillent bien, ces intellectuelles, qu'au milieu de leurs pairs.

Les odeurs sont des passages, des chemins vagabonds,

des mouvements fluctuants. Elles découpent le jardin en promenades, en simples traces plus subtiles que les allées. Insaisissables, elles bougent et sollicitent une troisième dimension. Parfois, elles s'étendent sans vergogne, imprégnant totalement l'air, impitoyables et dominatrices, ne laissant cependant à voir que de petites plantes rabougries à l'allure de mauvaises herbes, accroupies humblement au ras du sol.

Les plantes à odeur se tapissent pour qu'on les oublie, se font disgracieuses par ruse. Pour les sentir, il faut vraiment les frôler, les déranger, presque leur marcher dessus. Pauvrettes dont on croit qu'elles sentent comme elles chanteraient, par plaisir ! Le parfum est la réaction, la plainte d'une plante blessée, même par le vent. En temps de paix, quand il ne se fait ni mouvement ni souffle d'air, quand tous les agités insectivores ou granivores respectent la trêve, les odeurs dorment. Pour réveiller la branche de citronnelle ensommeillée, il faudra en froisser une feuille, la pincer, la déchirer, enfoncer un ongle, lui infliger un petit supplice, une méchante plaisanterie. Une plante ne donne son parfum que sous la torture.

Alors, on les coupe, on les malaxe, on les maltraite à qui mieux mieux. Mais qu'elles parlent ! Elles résistent de manière très inégale. A côté de celles qui donnent tout, tout de suite, les douillettes comme le basilic, le romarin, la coriandre, certaines font une rétention d'odeurs, des butées qui préfèrent d'abord se faire hacher menu, la sauge, la marjolaine ou la sarriette. D'autres jouent les indifférentes, comme le laurier-sauce ou les branches de céleri, qu'il suffit de caresser gentiment pour qu'elles donnent la réponse attendue à l'importun, pourvu qu'il les laisse se rendormir. Désagréables, les minérales, les ferrugineuses, mettent toute leur délicatesse dans l'élégance de leur tenue, fleurs qui manquent de souplesse, les géraniums, les phlox, les hortensias, les arums ou les anthémis. Et puis, couvrant les autres, les odeurs fortes, sûres d'elles, s'imposent à l'esbrouffe et racontent avec aplomb d'abracadabrantes histoires des Mille et Une Nuits, parfois sans finesse mais toujours avec un talent de séductrices : les seringa, lavande, pivoine, lilas, chèvrefeuille ou rose. Les fruits, eux, ne sentent qu'à l'agonie, quand ils pourrissent, pommes, prunes ou poires tombées.

Quand elles montent en graines, les plantes aromatiques rétrécissent leurs feuilles, réduisent leur surface odorante. On dirait qu'elles se retirent du monde. Elles se concentrent sur une vie intérieure, contemplative, et n'ont plus rien à donner. Elles ne racolent plus ni ne répondent aux agressions, indifférentes désormais et tournées vers leur gestation. Elles prennent une allure terne et morose de vieille pécheresse repentie.

La coriandre

La coriandre mue littéralement, elle se métamorphose au point d'en être difficilement reconnaissable. Elle se met à monter haut, elle qui jusque-là chantonnait de modestes ritournelles, perd toutes ses feuilles et épanouit avec assurance des ombelles de graines aussi gracieuses que délicates et fragiles. Des bouquets qui appellent la cueillette.

J'avoue une prédilection pour la coriandre, pour son nom aussi doux et coloré qu'un poème exotique, pour sa personnalité mystérieuse. Certains la disent originaire du Levant. D'autres affirment qu'on la cultivait déjà dans le potager de Charlemagne. Moi j'imagine qu'elle a figuré dans toutes les aventures, traversé d'Asie en Europe les montagnes infestées de brigands, d'engelures et de précipices et que, certes, dans sa jeunesse, elle a soutenu les derniers fidèles de Roncevaux. Il me plaît que son odeur aussi soit douce et exotique, qu'elle raconte encore l'épopée des épices. Passer à côté me fait toujours rêver, elle m'ouvre un joli chemin de soleil vers l'est ou vers l'ouest. Avec elle, je me promène dans des ruelles asiatiques, elle me murmure d'autres odeurs de lotus ou de jasmin, des couleurs de cuivre.

La coriandre émet une odeur pimentée et délicate. La plante elle-même affecte une grande sensibilité. Elle coule des traînées d'effluves avant qu'on approche, même quand la nature est encalminée, faute de la moindre brise. Qu'on l'effleure et elle manque de s'évanouir. Luisantes et collantes, ses feuilles s'agrippent, se retiennent, se soutiennent les unes les autres, se serrent entre elles et font la chaîne si l'on tente de les cueillir. Il en devient très difficile de les démêler, les séparer. Toute manifestation de force les fait pleurer et mourir à l'instant. Les feuilles de coriandre se défraîchissent très vite, se ratatinent en quelques heures.

Il faut parlementer, attendre, cueillir la coriandre au moment où enfin elle donne son accord : quand elle a fait ses graines. La sagesse diplomatique conseille donc de la cultiver surtout pour ses graines auxquelles on prête d'autant plus de vertus, carminatives, euphorisantes, antispasmodiques, qu'il fallut user de patience. Sur la lancée, on en fait des infusions contre la grippe, la fatigue, l'aérophagie, bref on la flatte pour mieux l'amadouer.

Un des mystères de la coriandre me reste sur le cœur. Certains manuels de plantes médicinales qualifient son parfum de « désagréable ». Alors, la calomnie-t-on sciemment ? Me tromperais-je de plante, ou bien se cacherait-elle sous plusieurs espèces ? A moins que, perverti par toutes les histoires qu'elle me raconte, mon goût en matière d'arôme ne soit quelque peu déviant.

La sarriette

Pour protéger mes haricots contre leur ennemi, la mouche, j'ai donc planté une petite touffe de sarriette en bordure du potager. Longtemps elle n'a dit ni oui ni non, se contentant d'observer et d'engraisser. Moi aussi je me méfiais. De loin, la sarriette ressemble au thym et je craignais qu'elle n'en adopte les méthodes de prolifération.

Ma sarriette, Poivre-d'âne, j'aime bien son nom, tout simple, sans plus de prétention que les gens qui l'utilisaient, la cueillant au couteau quand les ciseaux n'existaient pas. Un prénom provençal pour une plante qui aime le soleil et la liberté, qui vit dans le Sud en sauvageonne. On savait toujours la trouver, vu sa place dans la pharmacopée : expectorante, astringente, antiseptique, antispasmodique, carminative et en infusion contre la diarrhée, les maux d'estomac, les ballonnements.

Même s'il me plaît d'en énumérer les propriétés médicinales, je n'utilise ma sarriette que pour son côté Poivre-d'âne, en aromate. Plus verte que le thym, ses tiges se couvrent de minuscules feuilles lisses. Une plante d'aspect sec, qui sent la terre sèche, la rocaille de Provence. Beaucoup de ces plantes aromatiques semblent venir des régions de soleil où l'eau se fait plus rare. Et les fleurs, se parfument-elles davantage vers le Nord, vers l'humide ? Il est vrai que les plantes voyagent tant et depuis si longtemps, s'installant ici, repartant ailleurs, que l'on se perd à remonter le cours de leurs déambulations jusqu'à leur lieu d'origine. On tombe parfois sur des périples surprenants : l'estragon viendrait de Sibérie, l'échalote de Palestine, le persil de Sardaigne, la marjolaine d'Orient, la valériane du Levant, la ciboule de Sibérie ou d'Orient.

Pour moi, la petite sarriette reste simple fille de Méditerranée. Elle ne pousse pas haut, mais cherche à s'étendre en arbrisseau à ras de terre, comme pour protéger le sol des souvenirs de canicule. Elle va bientôt fleurir, ouvrir ses fleurs roses si minuscules qu'on les croirait prêtes à s'éteindre au moindre orage.

Lavande et lavandin

La lavande fleure aussi doux que la sarriette, une brise de Provence, de soleil et de rocaille. Dans mon jardin du Nord-Est, où le climat s'amuse à perdre des degrés en venant de Paris, j'hésite à installer ces odeurs parfumées du Sud où les hivers passent en douceur. Crainte que le froid ne les rende malades, qu'elles s'acclimatent mal et s'y sentent toujours étrangères. Envie malgré tout qu'elles restent, car alors c'est un voyage qu'elles m'offrent.

Timidement, j'ai planté mon pied de lavande. Je l'ai regardé évoluer en gardant mes distances, presque avec méfiance et sans m'y attacher, comme on fait avec les relations que l'on suppose éphémères. Ma lavande pousse à merveille, pas du tout incommodée ni par le gel ni par la pluie. Elle s'est étoffée, est devenue avec les années une belle touffe toute ronde, une boule ample de la taille d'un massif. En été, elle se hérisse de ses fines lances, une multitude d'épis bleu pâle dardés en bouclier tout autour d'elle, couverts de guêpes et de petits papillons blancs qui se posent là, comme de jolis nœuds de paquets cadeaux.

Ces papillons blancs sont la touche finale de bouquets déjà séchés, prêts à offrir.

Ma lavande se plaît bien. Elle s'accommode partout, mais je veux croire qu'elle a elle-même choisi de poser ici son léger bagage, satisfaite de mon accueil et du voisinage de la vigne. Fière de cette réussite, j'ai planté une autre touffe de lavande qui, elle aussi, a grandi, s'est arrondie et a monté à l'assaut du ciel estival son armée de lances. Et puis, surprise ! ces fleurs-là ne ressemblaient en rien aux autres. Là où la première touffe les accroche en épis légers, très fins, allant s'amenuisant vers la pointe sans doute pour mieux transpercer la fraîcheur de l'air, la seconde les disposait plus grossièrement, en épais goupillons cylindriques, mal équarris et tronqués au sommet. Les fleurs s'y serraient plus nombreuses, plus autoritaires, avec un parfum peut-être plus violent. L'ensemble donnait un effet trapu et ramassé.

Ma première touffe est une vraie lavande, toute de finesse, aérienne. Elle esquisse une touche de bleu, à peine, un bleu qu'on ne croit voir qu'en transparence, quand le soleil l'agace à contre-jour. De simples petits éclats bleutés, argentés, qui traînent en plumets au ras de l'après-midi.

L'autre, la paysanne, n'était guère qu'un lavandin, l'Aspic plus vulgaire, plus rustique aussi. Curieusement, c'est mon lavandin qui, malgré sa robuste constitution, mourut, peut-être humilié par le talent de la belle Angustifolia. Il a eu tort. Quoique moins apprécié en parfumerie, il a ses qualités, on l'utilise en pharmacologie autant que sa belle rivale.

Vieux remède de bonne femme, les infusions de lavande soulageraient les migraines et les indigestions. Je n'essaierai pas. Les meilleurs parfums ne donnent pas toujours envie d'être bus. On conseille aussi la lavande pour ses effets toniques. Quand un malade souffrait d'enflure, il avait droit à des fumigations de lavande et de romarin dont on bassinait son lit. Distillée en huile essentielle, elle tenait lieu d'hygiène à une époque où il n'y en avait guère : pour éliminer toutes les vermines, il suffisait de se frictionner avec de l'huile de lavande. On croirait parfois que certaines plantes n'ont élaboré leurs odeurs que pour éloigner nos parasites. Mais peut-être était-ce d'abord pour repousser les leurs. Les parasites ont-ils un odorat ?

J'ai laissé ma lavande s'écheveler à la sauvage, désherbant vaguement, bêchant encore moins, cueillant les épis de préférence quand les fleurs se lassaient d'être bleues, faisant sécher n'importe comment. J'en ai fait des bouquets, des gerbes, pendues la tête en bas dans la pièce la plus « sèche et aérée », faute de grenier. Parfois, j'attendais trop longtemps et les fleurs, perdant leur moral en même temps que leur couleur, tombaient presque en poussière. Le soir, parodiant les veillées d'hiver, j'ai cousu de mignons petits sacs. La lavande doit être cueillie au contraire quand elle fleurit à peine, que les fleurs prennent tout juste leur coloration bleutée. C'est alors que le parfum se laissera le mieux enfermer dans les sachets, bourses d'odeurs pour les armoires.

L'an prochain, je procéderai différemment. Une fois comprise la méthode pour manipuler une plante, les erreurs rectifiées, l'expérience réussie, je m'en désintéresse pour tenter autre chose. Il me faut parcourir tout un chemin d'apprentissage, les ignorances et les obstacles disséqués les uns après les autres. Mais pour arriver où ?

Alors, au lieu de faire sécher les bouquets de fleurs et de coudre piteusement mes sachets, j'en ferai des grappes. D'une gerbe fraîchement cueillie, il faut serrer ensemble les tiges sur une certaine longueur, juste sous les fleurs. Puis replier le reste des tiges par-dessus la tête du bouquet et on noue ensemble les extrémités. Le tout ressemble à un lampion dont les fleurs seraient l'ampoule et qui sèche ainsi. Une cage en tiges séchées pour retenir les parfums. On les suspend tels dans les placards, pour guider les mites vers la sortie.

La lavande se taille. L'aspect sauvage lui va pourtant si bien que j'ai regretté le premier coup de sécateur, sacrilège, dans cette indiscipline. Mais, devenu bois dur, le pied se dénude, laisse voir le squelette sec et noueux, les branches s'allongent trop, se cassent et s'appauvrissent. Elle se taille un peu après la floraison et beaucoup à l'automne, presque à ras.

Outre son côté vieille dame, la lavande m'émerveille par sa résistance, son obstination à rester fermement campée sur son pied contre vents et marées. Ni le gel ni la sécheresse n'en sont venus à bout. Elle ne demande rien, s'épanouit comme une nuée de moustiques bleutés, bâille dans son coin, jouant au vent sa chansonnette pour les abeilles. Je ne lui ai jamais vu ni maladies ni parasites, pas même de pucerons ou d'araignées rouges. Elle aurait donc, il y a longtemps, concocté cette odeur dans ses laboratoires secrets pour se protéger elle-même, repousser ses propres prédateurs. Nous qui sommes incapables d'une pareille performance, nous ne faisons que lui voler ses armes. Laissons-la déverser ses airs de flûte pour paralyser ses minuscules ennemis.

Le basilic

Le basilic, un nom à tiroirs, un nom à rêvasser. Je le plante, le cultive, le soigne et le mignote consciencieusement tous les ans d'abord pour la séduction de son nom à mystères. Certes, ma plante basilic n'a rien à voir avec le lézard crêtelé, cousin de l'iguane, ni avec le monstre fabuleux des légendes grecques au clin d'œil mortel. Il n'empêche que, derrière le mot « basilic », tout ce flou, cette nébuleuse mythologique entoure ma plante comme une aura.

Basilic, « Petit roi » bien exigeant, monarque incapable de se débrouiller sans serviteurs, de vivre en pleine terre dans la foule, il m'agace. Il est maniaque, il est geignard, trop affété. Ces plantes qui meurent en hiver, à moins de les élever en pots, de les rentrer et les confiner en chambre au premier froid comme d'éternels malades, ces plantes-là ont ceci de gênant qu'elles paraissent artificielles, perfusées en quelque sorte. Ce sont des étrangères, de celles qui ne seront jamais chez elles dans un jardin, qui ne s'installeront jamais, qui ne feront jamais souche. On force la nature et la nature ne s'y fait pas. Il y manque une douceur. Elevé en pot, le basilic, fût-il prince, restera en pot.

Heureusement son parfum l'absout de tous les caprices. Une odeur particulière, très forte et presque musquée. Mais où la nature va-t-elle pêcher de pareils arômes ? Je me laisse toujours charmer par ce parfum exotique, mais il me paraît justement trop royal, trop exotique et rutilant pour ce jardin banal et discret. Et puis, les désirs du basilic sont des ordres, il lui faut la meilleure place, le plus beau soleil, les soins les plus attentifs. Il ne supporte pas qu'on l'oublie, traque la moindre négligence, guette les défaillances. Il faut l'arroser presque jour et nuit, beaucoup l'arroser, mais attention, uniquement au pied, révérence s'il vous plaît, pas sur les feuilles, le tissu en est trop précieux pour supporter la brutalité des gouttelettes.

Mon basilic affiche une mine superbe. Ou plutôt, ce basilic-là, parce que tous les ans un autre basilic monte sur le trône, un nouveau. C'est un petit arbuste, de forme parfaite, presque un bonsaï : un minuscule tronc, des feuilles larges ou petites et, quand il fleurit, d'aussi minuscules fleurs blanches. Même quand arrive la fin de l'été, il n'a guère grandi.

Il vient des Indes, ce prince excentrique, et ne renie pas ses origines. Il en garde une délicatesse, une certaine féminité dans ses manières, croit mourir quand on l'arrose avec de l'eau froide, refuse tout autre bain de pied qu'avec de l'eau tiède, tempérée. Les préposés à son confort gardent donc pour son seul usage une réserve d'eau chauffée au soleil.

On l'appelle Herbe-royale, Basilic-des-cuisiniers. Une fois cueilli, il se met à toutes les sauces, il aromatiserait les plats les plus fades. Il divinise le pistou provençal et, bien évidemment, on lui prête toutes sortes de vertus médicinales. D'abord les plus courantes, celles attribuées à bon nombre de plantes : digestive et antispasmodique. En infusion, il soulagerait les crampes d'estomac et les nausées. Ses feuilles fraîches apaisent les piqûres de guêpes. On le dit tonique et, en même temps, il est recommandé contre la nervosité et l'insomnie : là, quelque chose m'échappe. Il est vrai que certaines réputations thérapeutiques de plantes se sont parfois révélées fausses après des siècles de tisanes ou de cataplasmes. Peut-être, sans aller jusqu'à soupçonner l'imposture, ne s'agit-il que d'une question de dosage, de manipulation. Et puis, le basilic tient à garder ses mystères.

Moi, je m'en sers pour cuisiner, pour ennoblir en fantaisie un mets ou un autre. Mais, le matin, quand je vais voir s'il a assez chaud, s'il a assez bu, si la nuit fut bonne, j'aime qu'il s'appelle basilic. La légende le disait né d'un œuf de crapaud couvé par un coq et il figure, sur les blasons, en dragon à tête de coq. Je regarde mon basilic et je me demande pourquoi diable il porte le même nom que ce monstre.

La sauge

Grosse touffe compacte et ample, ma sauge fait massif désormais. Une belle plante robuste et bien charpentée qui s'étale sans problème. Si je la laissais faire, elle atteindrait déjà le cerisier, me barrerait l'accès aux framboisiers. Elle manque un peu de finesse. Ses feuilles longues, presque pelucheuses, caressantes à l'œil, se serrent si fort qu'on ne voit plus le sol. Vert bleu, vert gris, elles paraissent parfois couvertes de poussière et taillées dans une peau si épaisse qu'on se demande si elles ne cherchent pas à imiter la démarche et la couleur d'un minuscule pachyderme végétal.

Je n'ai pas souvenir de l'avoir vue fleurir. Pourtant, d'une manière ou d'une autre, elle doit elle aussi faire ses fleurs, ses graines, trafiquer sa petite cuisine familiale et reproductrice. Peut-être manqué-je systématiquement sa floraison. Peut-être ne fleurit-elle qu'en son extrême vieillesse. Peut-être aussi me trompé-je de nom en la plantant et ai-je appelé « sauge » quelque plante au nom voisin. Il est des erreurs au départ qu'on ne décèle que par hasard et tardivement. Plus elles sont énormes, plus elles mettent de temps à se dissiper.

D'après les photos et descriptions, il s'agit bien d'une *Salvia.* De toute façon, je l'utilise en tant que sauge dans la cuisine et personne ne s'en est plus mal porté. Il est vrai qu'elle ne dégage pas un arôme très puissant. Sans doute ses feuilles se tissent-elles si épaisses pour éviter une trop grande déperdition de parfum. On l'appelle Thé sacré, Thé de Grèce, Thé de France, car elle remplacerait si bien cette plante que les Chinois la préféreraient au vrai thé. Je ne suis pas tentée d'en faire l'expérience. A force de me prendre pour mon propre cobaye, je me sens parfois aussi hésitante que devant un plat de champignons inconnus.

C'est elle l'Herbe sacrée, réputée faciliter la digestion et la circulation sanguine. Comme tant d'autres plantes, ses décoctions guérissaient les maladies de peau, teigne, pelade, eczémas et autres disgrâces. D'ailleurs, je ne l'ai jamais vue elle-même victime d'aucune maladie. Les raffinés la faisaient macérer dans du vin blanc pour lui donner un léger goût de muscat.

Macérée par contre dans du vin rouge, elle aiderait les fatigués et les convalescents à reprendre du tonus. En infusion de feuilles, elles requinquerait les déprimés, les énervés, les tendus. Une plante bien de notre époque. En infusion plus fortement dosée et en bains de bouche, la sauge guérirait la gingivite. Et puis, les tisanes de sauge étaient recommandées dans les cas de règles douloureuses, de malaises précédant la ménopause. Toujours observateur, le dictionnaire la dit riche en tanin. C'est donc par le tanin qu'elle cousinerait avec le thé.

Je ne prête qu'une oreille distraite à tous ces mérites et louanges décernées à ma Salvia. Je l'apprécie simplement parce qu'elle est là, qu'elle pousse par elle-même, rustique et têtue, sans colifichets ni mise recherchée. Sobre, elle ne me demande rien d'autre qu'une bonne coupe de temps à autre. Quand même, elle fleurit forcément. Je la vois dans les livres empanachée de grandes fleurs. Je suppose que, fatiguée de toutes ces tisanes et décoctions, elle s'est simplement mise ici à la retraite et qu'elle a perdu en chemin l'envie de s'attifer, comme on perd, à ne pas sortir dans le monde, le réflexe de l'élégance.

L'estragon

Il sent la belle saison, le soleil et les crudités. Le goût de l'estragon m'enchante dans la salade de tomates, le poulet, les repas d'été, en caprice de dernier instant. Il repousse au printemps, disparaît en hiver et ses feuilles sont si tendres qu'elles se mangent hachées fin, à l'inverse des plantes aromatiques, thym ou romarin, qui n'évoluent guère au fil des saisons et aromatisent en mijotant, mais restent trop robustes pour qu'on les mâche.

Depuis longtemps, je subis le charme de son nom. Estragon, dragon ? Pourtant, il ne jette ni feu ni flammes. Ailleurs, on le surnomme « serpentine », évoquant quelque image vénéneuse et dangereuse. Aucun rapport avec cette jolie plante gracile, tout en feuilles minces et fines. L'estragon découpe une silhouette échevelée, un peu sauvage et, loin d'être nocif, a plutôt la réputation de faciliter la digestion.

J'ai eu envie de connaître d'un peu plus près l'histoire de ce curieux nom, d'approcher les dragons. La première explication a le mérite de la simplicité. Dracunculus et serpentine lui viendraient de ce que ses racines s'enroulent à la façon d'un petit serpent. Je le crois sur parole. Je ne vais certes pas déterrer mon bel estragon uniquement pour vérifier les anneaux de ses racines.

Seconde explication : aucun rapport avec un quelconque dragon, imaginaire ou réel. Son nom remonterait à l'arabe *tarkhûn*, puis se serait faufilé par le latin et ferait quelques apparitions sous la forme *tarchon* chez Rabelais. Ces explications me laissent sur ma faim mais ce n'est pas pour me déplaire. Je ne me lasse pas des plantes qui gardent leurs secrets, leur parfum d'ailleurs, de vie inconnue, d'accointances mystérieuses.

De son nom savant, l'estragon s'appelle *Artemisia dracunculus*, l'absinthe estragon. Toujours mon petit dragon dans un coin, mais quel rapport avec l'absinthe, ses interdits, ses débordements vers la folie ? L'unique trait de parenté que je devine entre l'absinthe et l'estragon, si c'en est un, serait dans leur façon de pousser, d'étirer des tiges qui gagnent en finesse au fur et à mesure qu'elles se mettent en graines, tandis que les feuilles disparaissent. Je me demande d'ailleurs pourquoi l'estragon s'escrime à faire des graines, puisqu'elles sont complètement stériles, sauf s'il s'agit d'un estragon de Russie, très proche mais nettement moins parfumé. Le mien se sème en vain et ne se multiplie que par division du pied.

L'estragon serait d'origine sibérienne. Mon imaginaire et mes lectures me donnent une image de la Sibérie plutôt incompatible avec celle d'un jardin, ce qui importe peu. Mais l'illogisme de ce berceau supposé vient de ce que la plante résiste mal au froid. Sous mon climat, dont les températures sont pourtant loin d'atteindre les – 60° de là-bas, l'estragon gèle parfois en hiver. En tout cas mon premier pied d'estragon est vraiment mort de froid. Depuis, je suis pleine d'attentions pour son successeur, je lui entasse un gentil matelas de feuilles mortes et il repart tout gaillard à chaque printemps.

La patience-des-moines

Elle pousse en bouquet de feuilles, l'air un peu salade, un peu épinard. C'est ma patience-des-moines, ma surette, mon aigrette, ma patience-acide. Bref, mon vieux pied d'oseille. Vert tendre, vert clair, vert fragile, ses feuilles n'ont pas la rigidité cassante, le gaufré de l'épinard. Sagement installé dans le coin le plus éloigné du potager, d'une discrétion exemplaire, il a vraiment bon caractère. Il tolère toutes mes négligences.

Je ne m'en occupe que pour cueillir des feuilles. Je ne l'arrose pas, même quand tout grille en été. Au matin, les feuilles souffrent, accablées par une multitude de limaces noires qui semblent tant s'en régaler qu'elles viennent déjeuner ici en foule. Parfois, quelque parasite ronge ses feuilles jusqu'à la transparence, se repaissant d'abord de la couleur. En devient-il vert, ce goinfron que je n'ai jamais vu ? Quant à l'oseille, elle s'en remet toujours. Bonne fille. Quel que soit le voisinage que je lui impose, poivron, maïs ou courge-éponge, je ne l'ai jamais vue en prendre ombrage, faire grise mine à l'un ou à l'autre.

Je le traite de vieux. Il ne dépasse guère les six ans, mais l'oseille se renouvelle tous les trois ou quatre ans, par semis ou par division du pied. Enfin, je me suis attachée à celui-là. Je lui ai adjoint deux jeunots, mais ils ne lui arrivent pas encore à la cheville.

De soupe en sauce, cette plante vivace et débonnaire se laisse aussi débiter par la racine que l'on conseillait en dépuratif. Abus dangereux. A consommer exagérément la vinette, vous risquiez la gravelle ou la pierre, deux maladies qu'on appelle aujourd'hui, plus prosaïquement, des lithiases urinaires. Dommage. Se dire dérangée par des problèmes graveleux permet une certaine ouverture dans la conversation là où le mot lithiase arrive, lui, comme une fin de non-recevoir.

Quand on l'aime douce, il faut cueillir l'oseille, feuille à feuille, avant les chaleurs de l'été qui la rendent plus acide. Je raffine, je cueille feuille à feuille mais en les choisissant, une à une, en commençant par les plus vieilles, les plus grosses. Les autres, les petites tendresses pas encore complètement déroulées comme si elles sortaient du sommeil, j'aurais trop de regret à les sacrifier, à les couper.

Parfois, je ne la cueille pas du tout. On a beau la dire rafraîchissante, son goût n'est pas toujours affriolant, à la fois acide et mou. D'ailleurs, pour se montrer aussi complaisante, je soupçonne l'oseille d'une certaine mollesse de caractère. Une lymphatique qui se réveille au moment de la reproduction.

Pollinisée par le vent, une seule petite oseille sème des centaines de millions de graines. Les jardiniers expérimentés ne plantent, en bordure de potager, que des pieds mâles pour éviter que l'oseille ne s'épuise à tricoter des graines qui, de plus, s'en iraient germer anarchiquement dans les légumes. Bien sûr, mon oseille à moi est un plant femelle qui s'acharne à en faire quantité, mais, je ne sais pourquoi, ces graines-là n'ont jamais l'air de germer. Mon oseille n'est qu'une vieille fille stérile.

L'ache des marais

Posté à l'avant-garde du potager, en diagonale de l'oseille, le céleri hisse sa tête de concierge. De là, il surveille tout ce qui passe, rampe ou grimpe. Sauf les cucurbitacées bien entendu qui, elles, lui passeraient plutôt sur le corps. Céleri en branches, en bras, il pousse et repousse tous les ans, de plus en plus touffu. Parfois, en alignant les plants de légumes, je l'oublie, je lui vole son espace. Il en sort aussi hâve et maigrelet qu'un légume en fuite, il en dépérit et je le crois mort. Pas du tout, il se recroqueville simplement, il attend que passe le grand carnaval et qu'on pense un peu à lui. Ou bien tant pis, il montre de toutes petites branches symboliques et revient l'année suivante.

Il a les pieds bien enracinés sous terre et aiguise ses pousses en pointes acérées pour crever le sol, de plus en plus loin. Puis il prend le temps d'étaler ses feuilles et hisse enfin au sommet de ses tiges dures et raides, des bouquets de graines qu'il paraît tenir à bout de bras, le plus haut possible.

Installé depuis plusieurs années dans son angle stratégique, mon céleri a pris une telle ampleur que j'en coupe des branches uniquement pour faire de la place. Il profite bien, résiste à tout. Pourtant, l'ennemi rôde : le septoria, le redoutable champignon. A la seule évocation de ce nom terrible, les céleris frémissent. La plante attaquée voit d'abord tous ses vaisseaux détruits, le ravitaillement en sève coupé, et finit par mourir. Mais pas mon céleri, il ne craint rien. D'abord parce qu'il est très fort. Ensuite parce que, cette année, je lui ai offert des gardes du corps. Toute une armée de poireaux qui, cultivés en association avec le céleri, repoussent l'envahisseur. On peut aussi lui adjoindre des choux-fleurs, mais c'est là une culture que je n'ai pas encore essayée. Car enfin, il n'a jamais été malade, ce céleri. Il n'a jamais pris froid non plus, lui qu'on dit si sensible, si frileux. Quoique je ne prenne pas la peine de le couvrir ni de le butter, il ne gèle pas. Un vrai costaud.

Très fort en arôme aussi, une seule petite branche suffit à parfumer une marmite de soupe ou une salade. Avec l'ampleur qu'il prend, je pourrais faire des potages tous les jours de l'année sans pour autant l'épuiser. D'ailleurs, on en consomme depuis le Moyen Age sans s'en lasser, et pour cause : pleine de vitamines, l'ache des marais avait la réputation d'exciter la virilité.

L'herbe-à-tous-les-maux

Toute petite plante malingre, guère plus haute qu'une mousse lorsque je l'ai installée, la verveine avait l'air si peu exigeante, si humble que je m'en suis débarrassée, pour ainsi dire, dans un coin d'allée, entre fraises, persil et des fleurs bêtasses du genre hémérocalles. Elle s'est étoffée, en hauteur, en volume, en étendue. Je l'ai coupée, elle s'est fanée, elle est revenue. De rejeton en rejeton, elle couvre désormais un territoire suffisant pour nourrir tout une tribu potagère.

Cette année, il n'y a plus d'hémérocalles : englouties par la verveine. Si je ne la décapitais pas régulièrement, il n'y aurait plus d'allée non plus. Elle s'enorgueillit en outre de racines tenaces qui ne se laissent extirper qu'après une rude bataille. Perfide, elle se répand en rasant la terre, de tout petits brins guère plus hauts qu'une herbe. Une fois franchie l'allée, la voici qui s'attaque au carré où mes pauvres choux s'efforcent lentement, lentement, de prendre du ventre. La guerre des tranchées, elle connaît. Elle a l'invasion dans le sang, la verveine, elle boulotte tout, centimètre par centimètre : elle a déjà délogé les premiers radis au garde-à-vous sur deux rangs à l'avant des choux.

Elle envahit en hypocrite. En hiver, toutes tiges coupées, il ne reste rien, aucun indice sur ses plans de colonisation futurs. Au printemps, quand elle commence à émerger, il est trop tard, elle sort de partout en même temps, rasant le sol, attendant le moment propice pour relever la tête. Elle rampe sous terre et ne laisse dépasser que quelques pousses vertes, des périscopes, quelques hip-hip-hip-hourra joyeux qui ne peuvent s'empêcher de sauter hors de terre.

Seules les premières feuilles, qui restent très basses, paraissent bien nourries. Les tiges poussent en cours de saison, pauvres, malingres, avec d'avares petites fleurs en épis. La verveine croît en grande bringue sèche et sans humour. Une plante sans faiblesse, entraînée à la dure.

Cette recrue à l'âme militaire s'appelle *Verbena officinalis*. Elle est aussi fichée sous le nom d'herbe sacrée, si résistante qu'elle pousse n'importe où, contrairement à la délicate verveine citronnelle que je me suis entêtée à planter deux années consécutives avant d'admettre qu'elle ne passerait jamais l'hiver. On l'appelle encore l'herbe-aux-sorcières, la guérit-tout, l'herbe-à-tous-les-maux. Je me régale de ses noms mais je cerne encore assez mal ses propriétés médicinales. Astringentes en tout cas. Certains attribuent aux feuilles de verveine cuites dans du vinaigre et appliquées sur l'endroit douloureux le pouvoir de soulager une entorse ou un point de côté, d'autres celui de guérir la pleurésie. Il faut évidemment une grande patience dans la douleur pour attendre que les feuilles aient poussé, soient cueillies et cuites, mais le soulagement n'en est que plus apprécié. Délicats, les druides lavaient leurs autels avec une infusion de fleurs de verveine. Moi, je m'en sers comme tisane d'agrément, pour garantir contre la mauvaise humeur qu'engendreraient toutes sortes de petits malaises.

Pour pourvoir aux besoins hors de saison, la verveine se fait sécher. Cueillie à peine en fleur, au meilleur moment, le matin, après l'évaporation de la rosée. Pas encore épuisée par les luttes quotidiennes, la plante garde sa fraîcheur. Je la pends en bouquets. Certains l'étalent sur un torchon. Toujours dans un endroit sec, à l'abri de la lumière. Une fois sèche, je ne sais plus qu'en faire, je l'oublie, je la laisse s'empoussiérer. Je l'aime par curiosité. Au-delà des infusions de feuilles fraîches, son utilité m'ennuie. Et puis elle en fait trop. Quand je vois son régiment de lances effilées dont je vais devoir endiguer la progression, je trouve ce travail suffisant et ma sympathie pour elle s'en trouve un peu écornée.

La mélisse

L'arôme de la mélisse en infusion compense la fadeur de la verveine. Mises ensemble, elles se complètent assez bien. Je les ai plantées non loin l'une de l'autre et, encore mal convaincue de la robustesse de ma *Melissa*, je la défends contre l'agressive *Verbena*. Je l'ai beaucoup pouponnée, chouchoutée, dorlotée pour qu'elle pousse. La voir désormais si belle, si épanouie, m'étonne encore et, à chaque rencontre, je la caresse de l'œil ou du doigt.

Les conseils de culture ne m'encourageaient guère : sensible au froid, à l'humidité, réclamant situation abritée, protection hivernale, assurance contre la sécheresse et les dégâts des eaux. Semis, bien évidemment, en pépinière. De bien grosses complications pour moi qui trébuche encore sur les gestes les simples et reste sous-équipée, emmêlée dans une organisation défaillante. En fait de pépinière, je ne dispose que de mini-serres en plastique, légères, entreposées près des radiateurs, charriées de fenêtre en fenêtre avant leur arrivée au jardin pour une mise en place pas toujours définitive.

Malgré mon scepticisme, la mélisse a germé, poussé, supporté toutes mes maladresses. Je l'ai plantée tard, à l'automne, persuadée que, mal préparée aux rigueurs du climat, elle ne passerait pas les froids. Je l'ai tendrement couverte d'une bonne couche de feuilles mortes et de copeaux de bois, sans y croire. Au printemps, elle s'est réveillée, somptueuse, formidable, étirant des feuilles d'un vert profond, larges, pétantes de santé, sans la moindre velléité d'étiolement ou de langueur. Plus vigoureuse qu'une ortie, plus fière aussi, bien décidée à vivre, à s'étaler, à chanter, à lancer son parfum comme des tentacules pour enlacer, à se battre contre l'encerclement sournois de la verveine.

Plante gaie, affectueuse, elle a reçu de gentils surnoms : citronnelle, ponchirade, piment-des-abeilles, citronne, céline. Elle sent bon, elle sert à tout, contre l'insomnie, l'anxiété, la migraine, les crampes menstruelles, les rhumes chroniques ou la fièvre. Les vieux manuels donnent des recettes d'eau de mélisse, l'eau des Carmes. On laisse les feuilles de mélisse macérer une dizaine de jours avec des racines d'angélique, du vin, des zestes de citron. Puis il suffit de filtrer, d'ajouter cannelle, muscade, coriandre, clous de girofle, de patienter encore une semaine et de couper d'eau. Digestive, bien entendu, l'eau de mélisse s'applique aussi sur les petites écorchures ou les traumatismes.

Quand les doigts s'amusent à chiffonner une feuille, la mélisse les marque d'une odeur de citronnelle douceâtre, plus forte et plus sucrée que celle de la verveine citronnelle. Cultivée pour cet arôme, les parfumeurs l'exploitent dans leurs compositions. Un jour, j'achèterai un distillateur, un alambic, un truc à tubes, à zigzags et à cornues pour m'essayer aux eaux-de-vie et aux eaux de senteur. Le plus plaisant dans l'affaire étant d'imaginer les charmantes petites étiquettes écrites à la plume et collées derechef sur d'aussi charmantes petites bouteilles.

L'angélique

De fil en aiguille et pied après pied, je crains que mon jardin n'étouffe par surabondance de simples, pas toujours bien utiles mais souvent envahissants. Pour ma future eau des Carmes, j'en suis donc venue à planter un pied d'angélique. Je n'en connaissais que le nom, léger comme un prénom campagnard ou celui d'une religieuse : sœur Angélique-des-prés, cela court aussi joliment que marquise des Anges.

Mon angélique à moi, mon petit bout de plante, s'appelle aussi racine-du-Saint-Esprit, je me demande pourquoi. J'attendrai, pour observer la forme de la racine, que ma plante ait suffisamment enflé en ampleur et vigueur, qu'elle devienne touffe ou bosquet, que sais-je ? avant d'en arracher la moindre parcelle.

Outre qu'elle entre dans la composition de mon eau de mélisse, la racine d'angélique s'infuse beaucoup. L'angélique sauvage pousse un peu partout. A raison de dix grammes de racine par litre d'eau (et j'achèterai aussi une balance d'apothicaire, un trébuchet, pour peser mes onces d'herbes !), elle faciliterait la digestion, surtout dans le cas difficile des corps gras. Bonne à tout, mon angélique officinale, l'archangélique, ainsi que la sauvage, celle des fossés, des prairies humides, on la dit stimulante et diurétique, on la recommande contre les fièvres, les vomissements, l'aérophagie, les coliques ou la névrose. J'en ai fait de la liqueur. Douce et vert-jaune, un peu chartreuse, elle ne flatte guère le goût ni l'œil, mais plutôt l'imagination par le penchant qu'avaient pour elle les vieilles dames d'une autre époque. Il est vrai qu'avec leurs obligations de retenue et de componction, les pauvrettes devaient, côté névroses, faire feu de tout bois.

Certains optimistes conseillent l'angélique dans les cas de scorbut ou de morsure par un chien enragé. D'autres l'utilisent, qui en parfumerie, qui en confiserie ou en pâtisserie. Les graines servent à aromatiser les liqueurs, les tiges confites à décorer les gâteaux.

Promise à tant de tortures et de machinations, mon archangélique pousse haut et fort. Je la dorlote, j'endors sa méfiance et, puisqu'elle aime l'humidité, je lui ai choisi un coin légèrement ombragé. En attendant qu'elle grandisse, je lui ai adjoint des lupins en voisins et aussi un pied de valériane qui s'étoffe si magnifiquement que je formule quelques doutes sur le bien-fondé de ce compagnonnage.

L'herbe-à-la-meurtrie

A son nom de *Valeriana officinalis*, je préfère celui d'herbe-à-la-meurtrie, tellement tendre, patiné par toutes ces mains, tous ces accents inconnus qui ont en même temps façonné le paysage et tâté de l'herboristerie. Herbe-de-saint-Georges, la valériane est aussi, malheureusement pour elle, l'herbe-aux-chats. Son odeur rendrait les chats fous, au point d'attirer tous les félins du voisinage qui viendraient uriner dessus et s'y rouler à qui mieux mieux. Une scène d'hystérie collective. De ce fait, on n'en trouve que de rares plants dans le commerce. Elle disparaît des jardins ou bien se cultive sous la protection d'un grillage.

Pourtant, depuis trois années que ma valériane prospère, je n'ai encore surpris aucun chat à rôder autour, à plus forte raison y gambiller, pleine lune ou pas. Mais aucun doute n'est permis, photos d'identité, descriptions, empreintes et odeur à l'appui, il s'agit bien de la même plante. Plus loin, un massif de valériane décorative et inoffensive me permet la comparaison.

Cette bizarrerie en rejoint une autre. J'ai semé, repiqué, planté de curieuses graines étiquetées « menthe à chats » qui, en poussant, ressemblent effectivement à de la menthe. Plus proches peut-être de l'ortie, par leur forme et leur couleur. Les chats la dédaignent et passent leur chemin sans un salut, sans le moindre frémissement de narine. Mais, que je mette cette menthe à sécher et leur en garnisse une chaussette (par exemple), et les voilà effectivement fous. Complètement dingues de leur peluche odorante, se roulant avec, s'y frottant, la lacérant, la mordillant ou la lançant en l'air. Sans doute cette menthe ne dégage-t-elle son arôme lubrique qu'une fois sèche. Ou bien les chats seraient-ils en pleine dégénérescence, incapables de reconnaître et d'apprécier les plantes fraîches, trop habitués désormais aux aliments en boîte et à la vie déshydratée ?

Je suppose que leur comportement vis-à-vis de ma valériane procède de la même démarche. Il suffirait que je la leur présente bien sèche et cuisinée en chaussette pour qu'ils l'adorent. Jusqu'alors l'énergie m'a manqué pour m'occuper de cette herbe-à-la-meurtrie, la disséquer, la préparer. Elle eut pourtant son heure de gloire, comme excitant en infusion de feuilles, comme antispasmodique en poudre de racine, contre l'épilepsie, les convulsions ou les spasmes d'estomac.

Sans doute reconnaissante de se sentir épargnée, ma valériane prend de la carrure et pousse haut. Elle me lance des tiges quasiment dégarnies de feuilles à plus d'un mètre. Loin de montrer la discrétion des minuscules fleurs rose tendre de la verveine, elle brandit le plus haut possible d'ostentatoires ombelles blanches, légèrement rosées. Orgueilleuse, toute raide, elle tend gravement ses fleurs comme des drapeaux de sémaphores. Mais que veut-elle me signaler, à moi qui ne connais pas même l'alphabet des plantes ?

Absinthe et armoise

Emportée par mon enthousiasme, j'injectai dans le jardin tout ce que je pus trouver comme plantes au nom chantant, résonances de comptines, de danses paysannes. Des plantes que je croyais n'exister qu'à l'état de nom, ou disparues des campagnes, et dont je découvrais soudain qu'elles étaient bel et bien vivantes, et même terriblement vivaces parfois. Je plantais mes trésors comme des raretés, des témoins survivants, pour m'apercevoir souvent, une fois leur silhouette formée et leurs fleurs écloses, qu'elles étaient fort communes et répandues. Il suffisait de faire trois pas dans la campagne pour les reconnaître envahissant les fossés, les champs, se faufilant dans toutes les failles de la culture. Certaines faisaient même déjà partie, au stade du nourrisson, de mon contingent de mauvaises herbes. N'importe, les connaître m'en fait complice amusée, indulgente pour leurs débordements dont, ma foi, je suis bien responsable.

Ainsi l'armoise, la belle et mystérieuse *Artemisia* (prénommée *vulgaris*), l'herbe-à-cent-goûts, la remise, l'herbe-de-saint-Jean, avec son nom traînant et doux que je rencontrais dans les anciens romans, les vieilles pharmacopées, je la prenais pour une belle farouche et délicate. Une élégante qu'il faudrait aller cueillir dans d'inaccessibles ravins, débusquer au prix de périlleuses acrobaties. Quand un jour j'en dénichai un pied, je le plantai avec des soins réservés aux fleurs exotiques, litière de compost et tendres arrosages.

Il a si vite grandi, le pied d'armoise que, quelques semaines après, il nécessitait déjà élagage et rabotage. Tout de suite familiarisé avec les lieux. Et pour cause : sur tous les talus alentour, des massifs que je reconnus alors pour de l'armoise discutaient en habitués de longue date. Le mien n'avait plus qu'à se joindre à eux.

Plus élégante et mondaine, sa cousine, *Artemisia absinthium*, ne se commet pas si facilement. Version cultivée de l'armoise, l'absinthe est aussi envahissante. Quand je l'ai plantée, j'ignorais leur lien de parenté. J'étais plutôt motivée par le plaisir de la découverte, le goût de l'interdit, l'attrait de ces vapeurs méphistophéliques dans lesquelles sombrèrent tant d'artistes du siècle dernier. L'absinthe n'est pas neutre, son nom déjà âcre évoque la folie. Même sans la distiller, le fait que la plante habite mon jardin donne au terrain une dimension de laboratoire clandestin.

Elle a pourtant d'autres noms très honnêtes : l'herbe sainte, le menu, l'herbe-aux-vers. « Un petit verre avant le repas comme apéritif. Un petit verre après le repas comme digestif. Un petit verre le matin, comme vermifuge. » Décevant ! Cette absinthe si terrible, si criminelle qu'on la proscrivit, voilà qu'ailleurs on la qualifie d'anodin vermifuge, à boire au réveil ! Il est vrai qu'il ne s'agit là que du vin d'absinthe...

Dans son humeur patte de velours, sous la forme douce d'infusions, l'absinthe se montre fort serviable : apéritive, digestive, fébrifuge, vermifuge, en frictions préventives contre les piqûres d'insectes, séchée pour dégoûter les mites, antiseptique, tonique, etc. A l'occasion, elle donne aussi un coup de main pour lutter contre les pucerons. Cette dernière utilisation me convainc médiocrement, les pucerons résistant vraiment très bien à toute tentative douce de génocide. On déconseille l'absinthe, même en infusions légères, aux personnes nerveuses.

Par curiosité, j'ai essayé une recette de vin d'absinthe. Infecte au point qu'une seule goutte servait de signal d'alarme à toutes les papilles. Mais peut-être était-ce la faute du vin d'Alsace dont je me suis servie pour infuser. Peut-être aussi était-ce une mauvaise recette. A moins d'en accuser l'odeur même de la plante. Quand on passe à côté d'elle, l'absinthe vous repousse de toutes ses forces par son parfum aigre, amer, vénéneux, qui infeste jusqu'au feuillage du groseillier voisin.. On la sent méchante et perverse, ce qui fait sa séduction.

Outre son passé d'empoisonneuse, elle me fascine par sa manière de pousser sans façon, sans problème, n'importe où, sans se plaindre ni du froid ni de la sécheresse. Rien ne lui résiste, elle a déjà étouffé un jeune prunier, se répand comme une eau mauvaise. Qu'on la taille l'enchante, elle repart plus belle et plus joyeuse. Je lui trouve une allure dangereuse, quelque chose qui incite à la méfiance. Ses feuilles, toutes fines et dentelées, se font faussement molles, d'un vert bleu-gris comme une plante à sang froid. Avec son comportement tentaculaire, on dirait qu'elle remonte d'un monde autre que végétal, peut-être une dentelle sous-marine, quelque algue mordillée à la folie par des poissons déments.

La marjolaine

La marjolaine, je l'ai plantée elle aussi pour son nom cueilli dans les comptines, toute petite, trois brins, une légende. Aussi mignonne que la sonorité de ses syllabes. Qui irait la soupçonner de mauvais caractère ou d'ambitions colonisatrices ? Mais qui étaient donc ces compagnons de la marjolaine dont parle la chanson, un tantinet débauchés ?

Je la croyais plante rare, plante d'herboriste, de jardin médicinal, pièce de collection pour amateur de contes. Le pied que je découvris chez un pépiniériste me ravit autant qu'un ouvrage numéroté. Elle s'adapta fort bien, avec beaucoup de gentillesse. Je prenais pour de la complaisance ce qui ne relève que d'une bonne santé héréditaire, puisqu'elle tapisse même les talus. Elle pousse partout. Mes encouragements ont dû bien l'amuser, elle qui se faufile entre les pavés. Elle franchirait des mers, s'il y avait des mers dans mon jardin. Elle s'étend comme son nom, par cabrioles, sans sauter bien haut mais, forte et sûre d'elle, elle s'arrondit, la charmeuse, elle s'érige en fortifications. Je cherche tous les prétextes pour la cueillir, pour l'amputer hypocritement en fait. Je la fais sécher. Mais après ?

De son nom professionnel, elle signe *Origanum majorana.* C'est elle, l'origan qui travaille dans la parfumerie et l'alimentation. Un caractère tonique et excitant. Ses familiers la disent calmante à faible dose, stimulante à forte dose, dangereuse en excès. Et moi qui, pour m'en débarrasser, la jette à la sauvette et à profusion dans les plats...

Locataire charmante, un peu désordonnée, mais gaie et pimpante, elle pousse très touffue, avec une quantité de petites feuilles rondes, ramassées, d'un vert robuste, un vert solide. Jamais malade. Jamais de parasites, de taches pâles, de langueurs ou de migraines. On la sent envahissante dans l'âme, possessive. Elle a déjà éliminé une rivale, cette herbe bleue et bête à pleurer que j'avais plantée par insouciance et pour faire joli en hiver au bord de l'allée. Elle ne faisait pas le poids. La marjolaine dispute âprement l'espace aux myosotis, concurrence le thym, cerne les touffettes pas très futées de gazon d'Espagne aux petites boules roses grosses comme des billes et qui prennent parfois l'air ahuri des fleurs d'ail.

La marjolaine n'a pas froid aux yeux. La voilà qui s'approche du désespoir-des-peintres, jeune bêta dont elle ne fera qu'une bouchée, et lorgne vers les pivoines. Bref, une véritable marée verte. Les campanules prises dans le courant ont l'air d'agiter un bras de noyé, un dernier appel au secours. Je la crois capable de faire la pige même au pissenlit, au bouton d'or, au trèfle et au plantain.

Son acharnement me réjouit autant que son nom qui va si bien au bout de ses sabots. Et puis elle sent bon, pas un parfum de midinette, mais de fille de la campagne, saine et propre. Ses amoureux la cueillent juste au début de la floraison. Sa récolte ne dépare guère le jardin, car les fleurs sont quelconques, mauves à peine, mauve délavé, un peu le manque de grâce, l'élégance banale des fleurs de trèfle. Elle est douée d'un tempérament rustique, d'un bon sens pratique, on la sent tournée vers le rire et l'efficacité. En décoction, la marjolaine stimule l'appétit, combat l'insomnie. Les frictions soulagent les rhumatismes, les gouttes nasales atténuent le rhume des foins. C'est une petite personne qu'il fait bon avoir chez soi, même si elle dérange un peu.

La pimprenelle

La pimprenelle entre aussi dans la ronde de ces plantes au nom si gai et si léger que leur aspect décoratif en devient accessoire. En cherchant les surnoms affectueux dont on aurait pu l'affubler, je n'ai trouvé que le patronyme des registres, le cérémonieux *Sanguisorba*. Je me suis rabattue sur l'étymologie : les jolies clochettes de pimprenelle se prononçaient *Pipinella* au Moyen Age, par dérivation possible de *piper*, le poivre. Un peu décevant. Sans ces petits noms qui trahissent une vieille histoire sentimentale, ma pimprenelle paraît orpheline. Il me semble que, en remontant la piste de leurs noms populaires jusqu'à leur terroir d'origine, j'apprendrais à mieux connaître mes plantes, je côtoierais en même temps les gens qui les ont assez aimées, assez fréquentées pour les nommer, je me forgerais quelque affinité avec les racines des unes et des autres.

Pour le charme de ses trois syllabes, j'ai donc planté un pied de pimprenelle. Il faut avouer qu'elle n'est pas très jolie, avec ses petites fleurs en boules. Jeune plante bien vivace, mais très commune, au physique ingrat. Seules les tiges et les feuilles montent en finesse, avec quelque grâce. Elle n'est pas difficile, ma pimprenelle, elle prospère aimablement ici, sans grand mal puisqu'elle a la réputation de se plaire n'importe où. On la cultivait en bordures ou dans les potagers, pour ajouter ses feuilles dans les salades, en assaisonnement.

D'odeur discrète mais pas désagréable, ma pimprenelle possède aussi les vertus des remèdes de campagne. Enfin, elle, sa sœur, ou sa cousine, puisque je ne sais pas à quelle branche appartient ma *Sanguisorba*, si elle est de celle des *minor* ou des *officinalis*. Astringente, efficace contre les hémorragies internes, la pimprenelle officinale atténuerait les fermentations intestinales et les diarrhées des nourrissons. Les feuilles fraîches, cueillies avant la floraison, soulageraient les brûlures et les hémorroïdes. Là, évidemment, chacun fait ce qu'il veut. Quant aux feuilles séchées, elles entrent bien sûr dans les infusions et les décoctions.

Pour l'instant, je me contente de regarder grandir ma pimprenelle. Et, plus je la regarde, plus je sais que je la connais. Ses feuilles surtout. Plus loin, au pied d'un forsythia, pousse un massif de plantes parmi les premières installées ici et dont je n'ai jamais su le nom. Quoique plus grandes et plus dures, les feuilles ressemblent à s'y méprendre à celles de la pimprenelle. La différence se situe au niveau des fleurs. Au bout d'une tige longue et rigide, plus de petites boules mais un joli panache rose. Cette plante hisse au début de l'été de joyeuses aigrettes, comme des goupillons souples, qui s'amusent à se balancer au vent, sans penser à rien d'autre. Sans doute une cousine *Sanguisorba*, une décorative fofolle et parfaitement inutile.

L'herbe-de-grâce

Dans le même élan, j'ai planté la molle et charmante camomille, dont je ne sais encore que faire. Et un pied de rue, pour son surnom d'herbe-de-grâce. J'imaginais une plante douce, confite en dévotion et dont les vertus seraient celles de la bonté même. Cette dangereuse hypocrite s'appelle, de son nom complet, la rue fétide. Toxique. Les vieux manuels d'herboriste la traitent de poison et mettent en garde les jeunes filles. « C'est à faux que l'on prétend faire avorter avec la rue ; elle tue la mère avant de tuer l'enfant. » Néanmoins, ils la conseillent en lavements et pour trucider les poux. La rue fétide était aussi réputée chasser les rats des greniers.

Mon herbe-de-grâce, mon péganion, ma ronda, je la regarde désormais d'un œil sévère, sans indulgence. Elle doit sentir que son temps chez moi tire à sa fin, que je lui mijote un mauvais coup, un assassinat en douceur. Elle se dépêche, elle pousse devant elle des rejetons. Qu'importe. J'irai jusqu'au meurtre.

La bourrache

Réveille-matin, herbe-aux-ânes, herbe-aux-verrues, navet-du-diable, herbe-à-la-coupure, gants-de-Notre-Dame, gueule-de-chat, dame-d'onze-heures. Des noms qui fleurent l'anecdote transmise de bouche à oreille. Des noms qui pourraient inspirer des titres de romans policiers. Des noms venus de loin, de l'époque où la civilisation était paysanne, la campagne couverte de fleurs sauvages à qui l'on attribuait vertus et méfaits. Certaines espèces ont sans doute disparu. Quant aux autres, il me faut l'aide d'un guide, un manuel avec photos à l'appui, pour simplement les nommer. Et quand il m'arrive, au hasard d'une rencontre, de pouvoir mettre sur ces feuilles larges et ces petites fleurs d'un bleu pur le nom de bourrache, suivi de bourse-à-berger, il me semble avoir progressé d'un pas sur un chemin en retour d'exil.

Langue-de-femme, poule-grasse, rose-de-serpent, ces noms-là me basculent dans un monde nostalgique, porteurs de tous ces gens de la terre que je n'ai pas connus, dont je n'imagine même pas la vie ni les sentiments et qui, par leur intimité avec les plantes, leur ont fait cadeau d'un vrai nom. Il y a quelque part, à leur énoncé, comme un atavisme longtemps étouffé, un très lointain souvenir qui cherche à renaître. Je me sens moins seule.

Je me prends d'indulgence pour ces mauvaises herbes. Souvent j'en laisse pousser dans mon jardin, à leur guise. Elles deviennent presque mes favorites. Le matin je m'inquiète d'elles en premier, par curiosité, savoir à quoi ressemble celle-là, si celle-ci a enfin fleuri. Et peut-être, peut-être, au lieu d'une inconnue, aurai-je la surprise, mon guide à la main, de la reconnaître issue d'une vieille famille, avec tous ses petits travers et ses potins.

De la bourrache, je n'ai longtemps connu que quelques feuilles et cette racine si longue, si têtue, que je m'escrimais à arracher haineusement. *Borrago officinalis* pour l'état civil, c'est elle la boursette, la bourse-à-berger. Je la traînais plus bas que terre, alors que sa compagnie était recherchée au point qu'on la cultivait dans les jardins. Que des qualités. Diurétique, elle a la réputation de faire abondamment transpirer et s'utilisait en infusions de fleurs contre la toux. On s'en servait pour combattre les dartres et les fièvres. Surtout les fièvres qui se manifestent par des éruptions de boutons, scarlatine ou rougeole. Ma boursette soulagerait aussi les fluxions de poitrine.

Et moi, l'imbécile, je la chassais en parent pauvre du paradis ! Mais elle est magnifique ! Et modeste. Elle s'ouvre pour offrir des fleurs étoilées d'un bleu superbe, vif comme celui d'un regard d'enfant, et qu'elle tourne vers le sol, sans doute pour ne pas humilier la pâleur du ciel. Puisqu'elle se plaît là, ma bourse-à-berger, qu'elle y reste. Même si les bergers ont disparu, elle m'en racontera des histoires, en secret.

Le bouillon-blanc

Une plante sans gêne installait ses pénates au pied de mes pauvres myrtilles, malingres et toujours convalescentes. La voilà qui déballait ses petites affaires, étalait ses jupons et ses feuilles de grosse mémère. Des feuilles larges, grasses et velues, taillées dans un tissu jaunâtre-verdâtre, dont on devinait qu'il avait connu des jours meilleurs et qui, depuis, avait dû, ma foi, passer un peu au soleil. Enfin, je laissai faire, pensant qu'elle distrairait un tantinet les myrtilles, des hypocondriaques qui finiraient bien par mourir de comsomption.

Les jours passant, cette commère en prenait de plus en plus à son aise, définitivement installée comme chez elle. On ne voyait ni n'entendait plus qu'elle. Je n'osai pas trop lui faire remarquer que, mon Dieu, nous étions en famille et qu'il pouvait se faire qu'elle dérange. Et elle s'est mise à se pousser du col, à monter une incroyable hampe qui bientôt dominait les myrtilles, puis les dahlias, l'hibiscus et me dépassait d'une tête. On aurait dit qu'elle cherchait à rassembler autour d'elle tous les rase-mottes du quartier et, en capitaine d'une mutinerie, les incitait à relever la tête. Mascotte du jardin, elle symbolisait la dignité du héros. Toute droite, elle laissait grimper à sa base d'autres hampes plus jeunes, plus courtes, mais tout aussi fières. Couverte de fleurs jaunes qui fleurissaient et défleurissaient inlassablement.

J'avais hébergé un cierge-de-Notre-Dame. Une molène, connue dans les fichiers sous le nom de *Verbascum thapsus*. Connue ailleurs sous les différents pseudonymes de bouillon-blanc, oreilles-de-saint-Loup, bonhomme, herbe-de-saint-Fiacre. Elle est de toutes les conversations, se mêle de tout, pousse partout. Les optimistes essayent de lui rabattre son caquet et la réduisent en infusions de fleurs contre la toux. Autrefois, son large spectre pharmaceutique était le prétexte invoqué pour la hacher menu. Cuites dans du lait, les feuilles soulageaient les bien envahissantes hémorroïdes, les varices, les ulcères, les dartres. En décoction, les fleurs soignaient les catarrhes, les bronchites, les crachements de sang, et les feuilles aidaient à régulariser les selles.

Dieu merci, mon bouillon-blanc a résisté vaille que vaille à toutes ces persécutions et traversé, indemne, les années noires, pour venir se réfugier ici, chez moi. Je me suis bien mordu les doigts de l'avoir traité à son arrivée de sans-gêne et de parasite. Avec son air presque exotique, voilà qu'il devient une des plus belles plantes de mon jardin.

Le navet-du-diable

Malgré son numéro de charme, il est une plante que j'arrachais avec autant de regrets que de régularité. Elle pousse tout en finesse, avec de longues tiges qui ne s'essoufflent jamais et gagnent à la course n'importe quelle autre plante. Plante grimpante sauvage qui s'égaie de baies rouge vif d'un très bel effet, elle s'accroche avec des vrilles qui ont la réputation de faire d'abord des tours dans un sens puis autant de tours en sens inverse. J'ai essayé de vérifier, mais me suis toujours perdue dans mes comptes. Car elle avait beau pousser incognito, arrivée en cachette, et tenter de me séduire par mille minauderies, un jour je l'ai démasquée.

Il s'agissait bien sûr de la terrible bryone et de sa cohorte de noms sulfureux : navet-du-diable, couleuvrée, vigne-blanche, feu-ardent, racine-vierge, navet-bourge, rave-de-serpent, navet-galant. Empoisonneuse, vénéneuse et rusée : sa racine, manque de chance, ressemble à celle du navet, et cette confusion, parfois mortelle, peut-être responsable de meurtres déguisés, lui vaut son surnom de navet-du-diable. Quand on ne craint ni Dieu ni diable, on utilise sa racine comme vomitif et purgatif. Et, puisque les grands pécheurs se serrent les coudes, la racine râpée de la bryone servait en cataplasmes pour faire disparaître les douleurs de goutte. Malgré sa mauvaise réputation, je lui trouve encore beaucoup de charme, à mon navet-galant.

Le bleuet

Il est venu tout seul, le barbeau, il pousse en caprices, une fois ici, une fois là. Une année parti, une autre partout. Cette fois, il s'installe chez moi pour l'été. Devenu presque un symbole, le joli bleuet musardait, copain comme cochon, bras dessus bras dessous, avec le coquelicot. Ils égayaient les champs d'un semis coloré quand les blés s'étouffaient encore de mauvaises herbes et de fleurs sauvages.

Il s'appelle bluet, bluet-des-moissons, aubéfoin et aussi, par gratitude, casse-lunettes. L'eau distillée de bleuet soulage les fatigues et les maladies des yeux. Elle se vend encore dans ces bouteilles vieillottes en verre bleu, d'un bleu outremer encore plus profond que le bleu azur du bleuet. Autrefois, mélangées à du miel, les graines de bleuet étaient censées posséder des vertus purgatives. Le miel, il est vrai, accompagne élégamment la douceur de son nom.

Ce galant aux manières charmantes et désuètes vient à l'improviste. Je ne l'invite pas, et il ne s'annonce pas. Au pied du weigelia l'an passé, il s'étalait les années précédentes près d'un petit rosier blanc. Cette fois, le voilà au fond du jardin, à chercher sa place parmi des graminées. Il pousse là où je le laisse tranquille, là où je le repère assez tôt pour lui éviter la tondeuse et le désherbage. Une touffe de bleuets se respecte comme un hôte sacré. On ne l'arrache pas, on ne le bouscule surtout pas. Parfois, quand il s'effondre de lassitude sous son propre poids, je le redresse un peu, lui adjoins un tuteur, mais doucement. Le bleuet n'aime pas qu'on le tripote. Ces fleurs, rustiques, que je n'ai ni semées ni plantées, qui sont venues en toute indépendance, j'ai autant de scrupules à les déranger que s'il s'agissait d'un animal sauvage.

La petite tige de bleuet devient vite une touffe énorme et ramifiée. Tout l'été, les fleurs éclatent les unes après les autres, passant du bleu sombre au bleu pâle, pour finir presque blanches avant de se faner. De l'enfance à la vieillesse, il arrive ainsi que le bleu des yeux se décolore, peut-être d'avoir trop regardé le soleil ou retenu des larmes.

Pavots et coquelicots

De santé plus précaire, vite effarouché, le coquelicot risque parfois de timides visites. Ponceau, ou pavot-des-champs, le peu de surnoms que je lui ai trouvés témoigne sans doute de son caractère farouche. Pétales en papier crépon, qui servent pour tailler le déguisement d'un jour, mes coquelicots poussent en rouge soutenu, gonflés de sang, par endroits. D'autres, ceux qui se posent du bout des doigts au pied du stupide cerisier décoratif, prêts à décamper au moindre orage, se contentent d'un orangé médiocre, pour s'effacer plus vite. Je les laisse vivre et mourir sans bruit, comme ils l'entendent.

Bien sûr, je connais les bleuets et les coquelicots. Il n'est pas besoin pour cela d'avoir grandi à la campagne. Mais un jour, je reçus la visite d'un très curieux coquelicot, jamais vu, à qui je n'avais jamais été présentée et qui s'installait, celui-là, avec assurance et familiarité. Il commençait par monter des tiges molles et rechignant à s'éloigner du sol, puis bien vite les redressait, les amidonnait, les obligeait à se tenir droites, sans baisser la tête, et façonnait alors des fleurs, certes éphémères, mais plus fermes d'allure, nerveuses en quelque sorte. Mauve pâle, en dégradés nacrés. A y regarder de plus près, ses feuilles, ses manières ne ressemblaient aucunement à celles du coquelicot. Un imposteur ? Un drôle d'oiseau en tout cas. Un pavot, un vrai pavot sauvage, et très fier de l'être.

Il pousse haut et se dépêche, en toute impudeur, de déshabiller ses pétales pour exhiber sa capsule de graines. Enorme, arrondie au double ou au triple de celle du coquelicot, elle en contient des centaines. Fermée sur le dessus par une espèce d'hélice, comme un gadget sur une casquette. Et voilà que la capsule lentement mûrit au soleil, se dessèche, se rétracte ainsi que du vieux cuir aux intempéries et laisse s'ouvrir des meurtrières sous l'auvent du couvercle. A l'intérieur, serrées en compartiment, attendant chacune son tour, les graines s'éjectent bientôt par l'étroit soupirail, dans tous les sens, pleuvant comme d'un tourniquet. Je les ai entendues. Dans le jardin, je reconnais de loin désormais les tirs de mitrailleuses provoqués par les plantes qui catapultent leurs graines.

Il m'amusait, ce pavot, à disposer ainsi ses armées futures. Il a fait du bon travail. L'année suivante, au printemps, tout le quartier grouillait de petites pousses, feuilles étalées par terre en moelleux coussins d'où les tiges partiraient pour déployer leurs fleurs et installer leurs lance-roquettes. Ma foi, c'était trop. Qu'il squatte en famille, bon. Mais, à vouloir déloger les anthémis et les asters, occuper l'emplacement déjà réservé par les dahlias roses, il exagérait un tantinet. Bien que certaines plantes ne supportent aucun déménagement et que j'ignore les mœurs du pavot, j'ai déterré tous ses pieds poussés anarchiquement et les ai replantés plus loin, en bon ordre et en rangs, par esprit de discipline et aussi pour contrarier un peu son autoritarisme. Les pavots ont fort bien pris la chose et n'en ont que mieux fleuri. Ils ont composé un ravissant massif pendant quelques jours car, pressés de s'égrainer, ils défleurissent vite. Je ne formule pas d'autre reproche à l'encontre de ces hôtes inattendus. Pour le reste, je me demande de plus en plus par quelle aberration il m'arrive encore d'aller chercher des étrangères quand tant de plantes extraordinaires n'exigent que mon laisser-faire.

L'oreille-de-géant

D'autres encore s'invitent dans mon jardin depuis que j'apprends à les reconnaître, que j'essaie de les saluer par leur nom et leur petit nom. Avant de savoir que cette têtue s'appelle aussi oreille-de-géant, j'arrachais obstinément la bardane. Napolier, dogue, herbe-aux-teigneux, glouton, coupeau, teignon, faterasse : cette plante plutôt jolie pousse partout, avec des fleurs comme de grosses gousses rondes hérissées qui s'accrochent aux habits quand on les agace. Herbe miraculeuse, elle guérissait la gravelle et la pierre et était appréciée surtout pour ses racines dépuratives, sudorifiques et diurétiques. A l'époque des cataplasmes, on en faisait avec ses feuilles pour soigner les maladies de poitrine et les rhumes. Se laver avec une décoction de racines gommait les maladies de peau. Boire des tisanes de bardane accélérait l'éruption en cas de rougeole.

Je ne ferai jamais ni tisanes ni décoctions ni cataplasmes de bardane. Le simple apprentissage de ces plantes et de leurs utilisations demanderait un travail à plein temps. Et puis, j'aurais l'impression de m'approprier des rituels qui ne m'appartiennent pas, de singer, par curiosité, des gestes qui furent une nécessité vitale pour ceux qui les inventèrent. Je me sentirais comme ces touristes qui bêtifient en costume folklorique. Arrivée dans mon jardin en colonisatrice, je m'y vois de plus en plus en invitée, tenue à une certaine discrétion. Ce qui ne m'empêche pas de continuer à taillader, extirper, trancher, mais peut-être avec plus de gentillesse. Si je la laissais faire à sa guise, la bardane finirait par écraser tout le monde. Les végétaux aussi sont bien vindicatifs dans leur lutte pour la vie. Alors j'accepte un ou deux individus bardaneux. Plus, j'arrache.

Digitales et boursettes

Je tolère aussi, mais avec d'énormes restrictions, le millepertuis et le plantain géant. Quant à la digitale, je ne me risquerai pas à tâter de sa digitaline. Je ne la touche pas. Je l'admire et j'apprécie la surprise qu'elle m'a faite de pousser en sauvageonne plusieurs années après la disparition de celle que je cultivais. Elle m'amuse d'une kyrielle de noms : gant-de-Notre-Dame ou doigt-de-Notre-Dame, queue-de-loup, gant-de-bergère, gantelée, doigtier. Bien sûr, elle sait se faire belle, avec une hampe de fleurs en cloches. Une couleur violente et inquiétante, d'un pourpre presque mauve. L'intérieur des fleurs se badigeonne de moucheté, une peau tigrée qui m'évoque une méchante plante carnivore ou une orchidée, peut-être un serpent, en tout cas un esprit malveillant, tapi, guettant sa victime. Ses clochettes sont plus petites que celles de la défunte digitale que je cultivais mais, sans doute moins lourde, elle ne réclame aucune assistance et pousse beaucoup plus haut et droit.

Pour compenser le mauvais œil de la digitale, le

hasard m'a offert une gentille plante, une de celles que j'exterminai avant de la reconnaître, simplement parce que la bourse-à-pasteur a le tort de pousser partout ; j'en savoure les noms : capselle, bourse-de-capucin, taboure, boursette, molette-de-berger. Malgré tous ces pseudonymes, c'est une plante pour les femmes. Elle régularise les règles abondantes et soulage les douleurs menstruelles. Ses surnoms lui viennent simplement de son fruit qui s'ouvre comme une petite bourse. De toute façon, elle est d'une joliesse très relative et je l'élimine sans plus de scrupules qu'auparavant, mais j'y mets les formes et je l'appelle par son nom.

Les pissenlits

Je n'ai pas eu besoin, bien sûr, de planter des pissenlits. Ils règnent en maîtres sur mon herbe qui ne prétendra jamais au statut de gazon. Ils traînent une réputation de mauvaise herbe. Familiers avec tout le monde. Le pissenlit est connu partout. Il fréquente tous les sols, quels qu'en soient l'ensoleillement et la température. Mais j'ignorais ses surnoms : florion-d'or pour sa couleur, dent-de-lion pour la forme de ses feuilles, salade-de-taupe en dégustation, ou couronne-de-moine quand ses aigrettes prennent la bise. Son nom commun de pissenlit évoque sans ambiguïté ses vertus diurétiques.

Séduisant soleil d'un jour dans l'herbe, indésirable tête de Turc dans les plates-bandes, il a la vie dure. Décapitez-le en omettant d'extirper la racine et voilà qu'il fait surgir, tout égrillards, plusieurs mignons petits pissenlits. J'aime qu'ils parsèment mon herbe. Quand, du jour au lendemain, les pissenlits fleurissent tous à la fois, le jardin devient un pavage royal. Ils ne gênent pas les autres fleurettes qui éclosent par flaques ou par tapis, les pâquerettes roses ou blanches, les renoncules, les pensées, les violettes bleues ou blanches.

Il fleurit tout le temps du printemps et même plus tard. Fleur festive, elle ne défend d'en faire des bouquets que par sa tige trop courte, celle dont les enfants encore assez petits pour regarder par terre tombent amoureux. Le suc tache les doigts. Fleur si lumineuse qu'elle n'aurait que faire d'un parfum attirant : les abeilles la trouvent de toute façon. Quand elle se fane, elle devient graines en plumettes si fines, si incroyablement légères, qu'elle incite à les souffler, même si l'on sait qu'une seule fleur éparpille ainsi des centaines de futurs pissenlits.

Hibiscus et roses

Quand, lassée par les récriminations permanentes des légumineuses et des aromatiques, je rends visite aux fleurs de l'hibiscus, leurs propos futiles me reposent. Elles affichent la frivolité des belles donzelles et se sentir admirées leur suffit.

Quatre, cinq corolles grandes écloses lancent leurs clins d'œil au fond du jardin. Hier encore, on les soupçonnait à peine, repliées dans leur housse dont ne dépassait qu'une frange bleu nuit. Elles s'ouvrent d'un coup, comme une robe un peu chiffonnée dans une armoire, qu'on étire et secoue pour la défroisser. Mais les pétales n'ont ni nerfs ni muscles qui leur permettent d'étirer ainsi leur tissu. Je ne comprends pas comment elles peuvent déplier des damassures si fraîches et pimpantes après avoir été comprimées dans un minuscule sac.

Ces fleurs aux larges pétales presque vaporeux, d'une texture aussi fine et délicate que le papier de soie ou les ailes des papillons, ont la manie de passer presque directement du stade de bouton à celui de fleur épanouie sans en garder une seule ride. Hibiscus, coquelicot ou clématite, on dirait que leur fragilité même les fait se dépêcher. Il y a urgence à étaler leur splendeur, à parader, à scintiller ici ou là pour éclipser l'éclat des autres. Celles-là ne songent qu'à se faire courtiser.

Tout aussi décoratives mais plus rustiques, j'ai planté des roses un peu partout. Des naines, des buissonnantes, des grimpantes, selon les proportions des endroits, comme on choisit des meubles hauts ou bas, en angle ou appuyés contre une cloison, pour harmoniser une pièce. Fleur banale et sans grande finesse, figurant en starlette dans tous les jardins, jardinets ou potées balconnières, la rose tire sa beauté de sa couleur brodée serré, de l'effet de masse. Une rose toute seule fait pitié, elle n'est admirable qu'à plusieurs, accrochées par dizaines, par centaines sur un mur, en buissons, en haies basses. Tapisseries brodées à profusion de ces gros points mafflus en couleur si dense que le regard ne peut qu'aimer s'y noyer.

Les roses sont mes fleurs hospitalières, les généreuses, que j'aime sans trop d'affection, presque avec indifférence. Leur présence me rend service. Fleurissant en première ligne du printemps à l'automne, on les voit tout de suite. Elles s'avancent d'elles-mêmes à la rencontre de n'importe qui, pas farouches, elles jouent les hôtesses avec une distinction naturelle, une élégance polie. Je leur suis reconnaissante de ce qu'elles ont la gentillesse de décorer le jardin en fête, comme pour une réception. Voilà des rouge vermillon, des rouge grenat, des rouge lie-de-vin, des jaunes, des roses, des blanches, des panachées orange et jaune, des nacrées couperosées de violet, des roses ourlées d'argent, des jaunes qui pleurent leur mort en blanc. A tour de rôle ou toutes ensemble, elles se pomponnent et se mettent en frais, masquant de leur éclat la pauvreté du reste, le désordre ambiant, l'indiscipline générale, la mauvaise humeur des ancolies, des soleils ou des dahlias qui ne consentent à éclore que chichement, du bout des lèvres. Je peux négliger le désherbage, la taille et même le défrichage, je n'ai pas besoin de chercher des excuses : les roses sont là, qui feront des politesses à ma place.

Alors, je leur pardonne leurs enquiquineries de maladies, leurs malaises, leurs langueurs, leurs jérémiades. Je les taille sans plaisir ni déplaisir. Et j'abuse sans scrupules de leur extrême sociabilité : j'adore en faire des bouquets et les offrir.

L'églantier

Pour compenser la mondanité ostentatoire de mes roses, j'ai planté dans le fond du jardin son parent pauvre, l'églantier, avec toute la tendresse qu'on éprouve pour les oubliés. Dans ma chasse aux vieilles plantes autochtones, je voulais retrouver ces églantiers qui poussaient le long des talus et se glissaient dans les haies. J'ambitionnais d'ailleurs de tisser là une haie vive, comme c'était l'habitude quand les jardiniers mignotaient les arbustes. Je commençai par le plus facile : prendre le temps. La tâche à cet endroit ne se montrait pas folichonne, à nettoyer les orties, les ronces, extirper les vieilles souches d'arbres. De plus, il eût fallu déraciner ceux des anciens arbustes montés négligemment en arbres, pruniers, sureaux, noisetiers, que la tempête avait épargnés, et je m'y refusais. En compromis, je jetai mon dévolu sur une trouée entre un prunier et un sureau.

L'églantier figure la première touche de ma future haie. Agé de cinq ou six ans, il a pris son rythme de croissance et s'étale déjà joliment. Pour ne pas qu'il s'égare en trop longues tiges dénudées, je le rafraîchis d'une petite coupe, au hasard, quand l'envie m'en prend ou qu'il penche un peu trop d'un côté. Ses fleurs se teintent de la traditionnelle couleur des églantiers, blanc nacré, légèrement rosé. Plus fragiles que les roses, elles n'acceptent pas d'être cueillies ou touchées. Et pourquoi le ferait-on ? Toutes simples, leur timidité les rend émouvantes, enfantines, avec leurs pétales comme des bris de porcelaine. Comment un arbuste aussi épineux, aussi rustique s'accommode-t-il de fleurs d'une telle sensibilité ?

Là où la rose s'entiche de noms à particules, l'églantier, pourtant beaucoup plus ancien, n'a droit qu'à un méchant surnom : rosier-de-chien. Quant à son fruit, le cynorrhodon, cette grosse gousse si précieuse qu'elle termine sa vie en confitures, sirops, décoctions ou eau-de-vie fortifiante, il s'appelle communément gratte-cul. D'autant plus vexant que la discrète églantine est d'extraction divine, puisqu'une goutte du sang d'Aphrodite la fit éclore. A l'époque où il y avait des dieux, les Grecs distillaient cette rose tragique pour en tirer un parfum. Ils attribuaient même des vertus médicinales aux bédégars, espèce de galle chevelue provoquée par la piqûre du cynips et formant sur l'églantier de petites excroissances. Au Moyen Age, un mélange de miel et de pétales d'églantines parfumait les rince-doigts. Certes, les natures raffinées affectionnent parfums et confitures de pétales de roses mais, quand il s'agit de l'églantier, tout s'exploite : les feuilles, les fleurs, les fruits et la racine, réputée soigner les morsures de chien.

A planter des églantiers plutôt que cultiver péniblement des rosiers, tout une pharmacopée se monte gentiment dans le jardin. Les plantes rustiques sembleraient plus riches en utilisations et superstitions de toute sorte que les formes cultivées, plus belles mais si fades. Ou bien faudrait-il que la nécessité s'en mêlât ? Il est vrai que couper de magnifiques roses pour en faire une tisane paraît stupide et sacrilège.

En rendant hommage à ses vertus pharmaceutiques, j'essaie bassement de consoler mon églantier, lui que j'ai repoussé comme un malpropre au fond du jardin, humilié par l'élégance des roses. J'ai planté dernièrement quatre autres églantiers. Ainsi, ils peuvent se raconter leurs histoires de l'ancien temps et médire en toute impunité sur les belles coquettes.

Le myrte

Faites dans l'ignorance la plus totale, mes premières plantations ressemblaient à d'impérieux marquages de propriétaire signifiant que, ici, s'élèverait un jardin et que, bientôt, autour de ces arbustes pionniers, ronces et orties disparaîtraient pour faire place aux plus belles fleurs de la création. Qu'on se le dise. Et il fallait là l'enthousiasme de la naïveté. Mes premiers arbustes donc surgissaient un peu n'importe où, n'importe comment, pour faire acte de présence et montrer prétentieusement un chemin qui avait toutes chances d'être caduc avant même d'exister. Certains n'ont plus à mes yeux que le mérite de l'ancienneté et m'agacent par l'inadéquation de leurs formes, le ridicule de leur emplacement. Ainsi tous les rhododendrons, hortensias, pommier et cerisier décoratifs, cognassier du Japon.

Ainsi le myrte, stupidement planté devant ce qui n'était pas encore potager et qui ne présente même pas l'excuse d'offrir un refuge aux oiseaux. Je ne l'ai jamais trouvé bien beau, cet arbuste. Sans doute l'ai-je planté à cause d'une vague confusion avec la myrrhe des rois mages, ce qui m'amenait à le féminiser en parlant de « ma » myrte. En fait, il n'est pas franchement antipathique, il pousse sans histoires, tout en rondeur, persuadé de ne devoir compter que sur lui-même pour se tailler une tête de monument. Il a tort. Figurer parmi les premiers occupants ne lui donne pas tous les droits et, depuis qu'il déploie pareille envergure, je lui ratiboise le dôme très sévèrement. Il n'en fleurit que mieux.

A la fin du printemps, quantité de minuscules fleurs blanches le nimbent d'une légère auréole. Quand elles défleurissent, il reprend son air sec et guindé, avec de toutes petites feuilles drues et serrées qui me font penser à celles du buis. Une certaine tenue. Quoi d'étonnant qu'on le relègue dans les cimetières ?

L'habitude créant des liens, je me découvre pour lui presque de l'estime, toujours distante mais plus affectueuse. Surtout depuis qu'au hasard d'une lecture j'ai appris son ancienne dévotion à Aphrodite. Mon myrte, si peu séduisant quand il dépouille ses falbalas de fleurs, symbole d'amour ? Petit buisson libertin ? Pudique en fait, puisqu'il cacha la déesse de l'Amour quand elle émergea, nue, de l'eau. Je me demande ce qu'il pourrait bien dissimuler ainsi, au fond de mon jardin. La région ne se prête guère à de telles évocations. Sa discrétion chez moi, son air de se morfondre, vient de ce qu'il se pose des questions sur sa présence ici. Moi aussi. Il ne m'est d'aucune utilité.

A l'époque d'Aphrodite, les Grecs concoctaient du thé de myrte contre les inflammations de l'intestin. Pline appelle joliment « eau d'ange » la macération de myrte réputée rehausser la beauté des visages. Les baies gratifiaient les buveurs d'un vin tonifiant. Quant au tanin de l'écorce et des baies bleues, il servait à teindre les cheveux. Le myrte s'utilisait efficacement contre les piqûres de scorpion. Les insectes de ce genre ne rôdent pas par ici et je ne m'amuserai certainement pas à ces teintures, macérations ou vinifications.

Plus je le regarde, moins je le trouve à sa place. Arbuste rustique, plante des maquis, il abonde en Corse. Là-bas, il est chez lui. Là-bas, faute de grives on se régale de merles, puisqu'il paraît que les baies de myrte donnent une saveur exquise à ces oiseaux qui s'en gavent. Moi, je ne tue pas les merles.

Au vu de la rusticité de mon myrte et emportée par l'élan colonisateur de mes débuts, j'en avais planté un autre. Installé dans un endroit encore plus inapproprié, puisqu'en plein passage, celui-là est si mal portant avec ses branches régulièrement cassées ou desséchées que je l'oublie. Un jour je le couperai. Le premier, lui, vit sa vie sans histoires, se pliant par indifférence à mes contraintes, me laissant sans récriminer le tailler à la diable, en brosse. Il pousse, du vert foncé au vert clair. En hiver, il serre les rangs, supporte tous les vents, les froids, les sécheresses. L'arbuste facile et solitaire, négligé par les parasites.

Au jardin, sa seule affection lui vient du liseron. On dirait que ces deux-là s'attirent irrésistiblement. Cette convolvulacée volubile monte et l'enlace étroitement, comme pour le consoler de ma froideur. J'en enlève par nœuds, par grappes, par filets. Peut-être le liseron trouve-t-il là parfum à son goût, bonne terre et bon support. Peut-être ces deux-là s'entendent-ils particulièrement bien, de vieux amis, des amoureux de longue date. Y avait-il du liseron dans la Grèce d'Aphrodite ? Le myrte arriva là-bas, apporté de Perse par Darius. Alors, je repose ma question : y avait-il du liseron en Perse ?

Le myrte peut vivre centenaire, et plus longtemps encore. Accablé par l'ennui, il ne monte jamais très haut mais son tronc s'épaissit. J'imagine qu'il ressemble alors à un très vieil olivier à la taille suffisamment épaisse pour dissimuler les compagnes d'Aphrodite. Pour l'heure, le tronc du mien ne cache guère plus qu'une main. C'est bien assez. J'aimerais le laisser vieillir. Mais ailleurs.

Rendre à la terre

Le jardin, on le discipline, on le dresse, on le dirige, on l'élague, le taille, le nettoie. On le traite comme une architecture, un mobilier privé. Sans cesse on rectifie les penchants naturels, les élévations, les courbes. On fait le ménage des parasites, des taupinières, des branches mortes et des tiges fanées.

Dès lors qu'une plante s'étiole ou meurt, elle tombe dans le grand anonymat de la misère. Malades, les végétaux perdent leurs couleurs et leur personnalité pour dégager une ossature de plus en plus méconnaissable et indistincte. Règle commune à tous les êtres vivants : seule la bonne santé permet l'individualisme. Une feuille de rosier atteinte d'oïdium prend la même pâleur et les mêmes attitudes que celle de la vigne. Quand elles meurent, les plantes commencent par se déssécher en gardant encore leur silhouette. Puis, très vite, elles se déforment, se mélangent et rejoignent le grand magma. Que reconnaît-on, dans un tas de compost, des plantes qui s'y sont accumulées pour le former ?

Dans le jardin, il se trouve toujours quelque chose à tailler, amputer, éliminer. Branches, tiges ou fleurs fanées qui iront, pour la plupart, se décomposer avec les autres. Quelles que soient l'heure et l'occupation présente, le sécateur est à portée de main, dans une poche ou posé sur une pierre. Fleurs à couper en passant près des rosiers, branches trop lourdes du buddleia, celles trop longues du mûrier, massif de marguerites à rafraîchir, l'ampleur du forsythia à réduire, ou cette absinthe qui profite de ce qu'on s'éloigne d'un pas pour en gagner deux.

Parfois, je laisse sur place ces déchets, ces reliquats de tris effectués pour conserver à l'ensemble du tableau un air de bonne mine et de fraîcheur. Par mauvaise conscience. Ne pas rendre à la terre le solde de son labeur me donne l'impression de commettre un vol. Je la fais travailler, souffrir, saigner, pour prendre et cueillir, pour la dépouiller en quelque sorte, sans rien offrir en échange. La vie quotidienne fonctionne pourtant sur le mode donnant-donnant. Les engrais ou le fumier qu'on ajoute sont plus qu'une recherche de fertilité : une façon de se dédouaner, une offrande à la déesse-mère. La révérence obligée pour déposer quelque chose dans le sol n'est-elle pas une marque de respect ? En laissant pourrir là ce que j'ôte, je fais un cadeau d'excuse, je redonne un peu de ce que je dérobe. La terre, avec le temps et la pluie, saura bien s'en débrouiller. Certains Indiens du Canada avaient coutume d'enterrer une pincée de tabac pour remercier la terre de chaque prélèvement qu'ils faisaient. Je ne sais pas si la terre aime le tabac, mais leur démarche rejoint la mienne.

Echange de politesses élémentaires, trace de fétichisme ? Comment n'être pas parfois intimidée d'intervenir dans cette vie foisonnante, tout à fait indifférente et parallèle à la vôtre ? J'aime prendre le temps de trier les ordures végétales, les déposer là où elles me semblent utiles, au pied des plantes gourmandes, dans les creux du terrain. Bientôt, elles jauniront, puis en pourrissant prendront cet aspect de mélasse gluante et verdâtre. Bientôt, cette pâte grasse séchera, deviendra poussière, terre, les plantes repousseront dessus, d'abord orties, puis herbes, plus grasses elles aussi. En déposant partout de ces débris, je tente maladroitement de m'intégrer au travail de la terre, à sa lente germination.

Superstitions

La perfection de la plus petite fleur, encore invisible la veille, éclose au matin, toute seule, en suivant d'autres lois que les vôtres, incite au respect. Le jardinage confine ici au sacré. Les lois que le manieur de bêche cherche à imposer se soumettent à des aléas encore plus puissants, mystérieux. L'influence de la température, l'humidité, l'ensoleillement, la lune, à telle ou telle étape précise de la végétation, s'apparente à une machinerie d'une telle délicatesse que la superstition vient naturellement à la rescousse pour corriger le hasard.

Ainsi du temps, qui reste un sujet d'interrogations aussi délectable qu'inévitable. Malgré les bulletins météo quotidiens, il occupe encore une fort belle place au royaume de l'imprévu. Quand je fais ma visite matinale, je regarde le ciel pour décider de l'opportunité d'un arrosage. Dans ses changements d'humeur, le temps va, par magie, dispenser d'une corvée, ou au contraire en rajouter. Dans un jardin, il faut se tenir prêt à pallier les défaillances du ciel, ou à profiter de ses gracieusetés.

Alors, qu'ils soient fondés ou relèvent de l'exorcisme, tous les détails comptent, les dictons campagnards et les petites attitudes de la nature qui indiqueraient la pluie, l'hiver rigoureux ou l'été pourri. Bien souvent, ça ne veut rien dire.

Les plantes et les animaux sont restés sensibles à toutes les fluctuations atmosphériques, fissures nerveuses de l'air, déchirures musculaires des nuages. Avec les prévisions de bonnes récoltes, les signes les plus recherchés sont ceux annonciateurs de pluie. Il va pleuvoir quand le fumier se met à sentir, quand les fleurs de liseron et de mouron se ferment, quand le chat se passe la patte par-dessus l'oreille, quand les champignons poussent sur le compost, quand la pomme de pin replie ses écailles, quand le matin s'appesantit sans rosée, quand la primevère plie sa garde-robe, quand les poules se couchent tard ou se roulent dans la poussière, etc. Je n'ai pas de poules. J'oublie, à voir telle fleur se fermer, si elle m'indique la pluie ou précisément le contraire. Mais qu'importe. J'aime collectionner ces maximes au même titre que les vertus thérapeutiques des plantes, bien que je n'aie l'usage ni des unes ni des autres.

La confiance à leur accorder s'apparente parfois, en ce qui concerne la guérison par les plantes, à la crédulité populaire. Là où l'erreur d'un dicton paraît anodine, je pense à ces générations et générations d'enfants soumis au régime de décoctions ou cataplasmes sur la simple analogie formelle entre l'organe malade et la racine d'une herbe. Un dicton peut se tromper s'il veut, les conséquences resteront négligeables. Il ne fait qu'enjoliver les conversations.

Les dictons ressemblent à des bouts de comptines, jolis comme des prières païennes. Ils laissent croire que chaque saison cache encore une fée, un lutin bienveillant qui présiderait aux bons offices du jardinier.

A la Sainte-Catherine,
Tout bois prend racine.

A la Saint-Maur,
Tout est mort.

Année venteuse,
Année pommeuse.

A la Saint-Théodore,
Fleurit le bouton d'or.

Si les fleurs sentent,
Bientôt il vente.

Soleil à la Sainte-Eulalie,
Pommes et poires à la folie.

Je ne connais pas le calendrier de ces fêtes de saints, oubliés eux aussi depuis longtemps. Mais tous ces dictons qui déclinent l'année en noms de baptême se récitent comme une table de multiplication. Les entendre ou les répéter revient à s'entourer d'une multitude de paysans, d'ancêtres qui, se voulant sages, mettaient en mots des observations parfois approximatives.

Qu'importe la vérité de ces prévisions ! Elles symbolisent l'appartenance à une confrérie, une complicité pour des préoccupations communes. Elles allègent la solitude. Même pour le travail d'une misérable plate-bande, il me semble m'intégrer dans un rythme séculaire, un cycle saisonnier éprouvé par ces centaines ou ces milliers de dos penchés et de mains calleuses qui ont besogné successivement sur la même terre. Cela suffit pour s'approprier une histoire.

Parfois, j'imagine ces jardiniers, ces paysans qui ont travaillé avant moi la terre de cet endroit. Sans doute n'était-ce pas un jardin. Mais que faisaient-ils pousser là, que regardaient-ils au matin ? Une maison garde longtemps le souvenir de ses habitants, ses bâtisseurs, ses familles. Pas la terre. Sitôt partis, sitôt oubliés. Etait-ce un potager, un champ de blé ou de luzerne, un verger, un terrain en friche, une prairie à moutons ? La terre digère ses indices.

Un apprentissage laborieux

Cette année, j'ai réduit mes cultures potagères. Seul l'enthousiasme dû à l'ignorance la plus totale me faisait jusqu'ici semer et planter à tout-va, n'importe quoi, de la patate la plus banale à la pastèque la plus inadaptée. Le côté festif l'emportait sur le pratique. L'expérience et la fatigue m'assagissent. Là où je ne voyais que le plaisir de regarder pousser, gonfler, fructifier une plante, je m'effraie désormais des innombrables gestes que nécessiterait une bonne conduite des légumes et du reste.

Au fur et à mesure que j'apprends dans un domaine, j'oublie dans un autre. A chaque changement de saison, je dois me réadapter. Perplexe devant un arbre à émonder, une intervention ou une autre, il me faut sans cesse recourir à un manuel, le feuilleter de mes doigts terreux pour trouver ou non une réponse claire à cette simple question : est-ce la saison pour tailler le chèvrefeuille ? Une bonne dizaine de pages et une quinzaine de minutes pour comprendre que finalement il vaut mieux attendre. Et quand le potager se remet à foisonner, à délirer, voilà que moi je ne me rappelle plus, depuis l'an passé, à combien de feuilles il faut pincer le potiron et si l'on coupe la crête des poireaux ou des carottes. Toujours à la recherche d'une recette universelle, adaptable à toutes les plantes, sur les façons de tailler et l'époque pour le faire. Malheureusement, chaque plante, chaque arbre a ses propres exigences, sa grammaire.

Pour qui n'a pas fréquenté la terre dans son enfance, l'apprentissage est aussi pénible que celui d'une langue étrangère. Le néophyte reste condamné à pratiquer longtemps le dictionnaire à la main et commet souvent des erreurs grossières et décourageantes. Pendant des années, j'ai cru bêcher la terre. Pas du tout : mauvaise technique et, qui plus est, mauvais outil.

Alors, j'ai réduit la taille du potager et la diversité des cultures, me contentant de celles que je crois commencer à maîtriser. Peu, mais dans les règles. La terre plus finement bêchée que jamais. La répartition des espaces prévue, dès avant le semis, selon l'ampleur et le temps d'occupation de chaque espèce. Je suis prête pour le grand déferlement végétal. Les autres années aussi je me croyais parée et, régulièrement, un élément dont je n'avais pas tenu compte advenait, me prenait par surprise, puis un autre, et l'ensemble finissait par me submerger.

Désormais, je planifie. J'ai divisé le potager par une jolie ligne de roses d'Inde, prophylactiques, qui seront bordées d'une rangée de tomates. L'effet est superbe. Sur la gauche, mauvaises graines ou mauvais temps, les petits pois semés se montrent contrariants. Rabougris, pâlichons, ils ne lèvent qu'en proportion d'un sur dix. J'apprends l'impitoyable main de fer du jardinier qui sait éliminer l'inutile, le malade. Là où, auparavant, j'aurais fait grâce et conservé ce pied malingre, j'arrachai tous les petits pois survivants, puis émottai, rebêchai et rebinai.

J'ai fait place nette et, après l'euthanasie, sur ce bel espace impeccable et désert, j'ai semé les potirons. Dans les règles. Respectant les distances, creusant d'énormes trous pour y déposer, comme un trésor, mes poquets de graines, les recouvrant amoureusement de la terre la plus fine, laissant une légère dépression pour retenir l'eau et fichant des repères en surface. Semer les graines à plusieurs dans le même nid pour ne garder ultérieurement qu'une seule pousse paraît d'abord stupide. En fait elles se tiennent chaud. Elles unissent leurs forces germinatives pour soulever la terre, pour percer de leurs petits bras encore mous le chemin vers l'air et la lumière. Bonne chance, mes graines.

Ayant oublié qu'il fallait plutôt humidifier la terre avant d'y déposer les graines, j'ai commis l'erreur d'arroser après. Mais enfin j'y ai mis tant de soin qu'elles me pardonneront un accord de participe négligé. Pour les potirons destinés à une vie de rampants, j'ai semé les graines de façon à pouvoir les diriger vers l'espace libre du jardin, en passant par-dessus les buis. Je ferai grimper quelques privilégiés, les courges vertes du Pérou entre autres, en ligne de fond sur des échelles et échafaudages divers.

Pour les calebasses, j'ai pris mes précautions. J'ai prévu une construction quasi monumentale, du genre tonnelle, que je ne me lasse pas d'admirer. Semées sur tout le pourtour d'un grand rectangle de terre, elles vont recouvrir un portique, une armature de bric et de broc certes, mais bien en place. Les calebasses profiteront d'un maximum de soleil, et moi d'un charmant kiosque. En automne, il fera là un ombrage chatoyant, lumineux de vert et de jaune. Je ne sais pas si les coloquintes vont pousser, mais j'ai déjà installé un banc sous le portique. Ne restera qu'à garder un œil sur toutes les herbes qui ne vont pas tarder à se disputer la place pour monter à l'assaut avec la pétulance que je leur connais. Et un autre sur la tonnelle qui risque de gémir, se ratatiner ou crouler sous le poids des calebasses.

Les belles inconnues

Voilà. J'ai travaillé d'arrache-pied pour accueillir au mieux les estivants, ces légumes qui ne font que passer ici. Même plus limités que les autres années, leurs embrouillaminis m'occupent tant que je néglige les autres, les insulaires et les visiteurs imprévus. A pinçouiller mes tomates au matin, j'omets de passer voir si cette curieuse plante inconnue, remarquée il y a quelques jours au pied du cerisier, n'aurait pas enfin fleuri ou si mon désespoir-des-peintres ne montrerait pas quelque vélléité de se réveiller.

Mon jardin me plaît pour les surprises que me font les plantes. L'absurdité du jardinage tient en ce que tout l'art consiste à essayer de les éviter. Je me réjouis de voir pousser ce que j'ai moi-même semé, incorporé à la nature. Mais une citrouille ressemblera toujours à une citrouille. Tandis que cette herbe discrète qui manigance son existence à l'ombre du lilas me reste inconnue. Je ne sais ni son nom, ni la forme ou la couleur de sa fleur. Un épi de blé poussé au milieu des lupins ressemble à un cadeau.

Les surprises des plantes dans le jardin me procurent le plaisir d'une promenade ailleurs. Les découvertes paraissent d'autant plus délicates que cette immense générosité ne vous attend pas, ne vous est pas destinée, mais se suffit à elle-même. Je persiste à ne répandre ni insecticide ni herbicide en partie par curiosité. Mon herbe de prairie, pleine de taupinières, de trèfles, pissenlits, mourons, renoncules, plantains, liserons, change d'allure et de couleurs tous les jours.

Pas à pas, je commence à reconnaître quelques-unes des fleurettes qui se haussent du col avant que la tondeuse les décapite. J'en découvre d'autres, et celles-là ont le charme des mystérieuses, et je les trouve toutes étonnantes. Et je surprends ainsi, un peu partout, des touffes d'autres fleurs que j'avais semées, plantées ailleurs, parfois bien loin. Elles prolifèrent naturellement, concoctent leurs recettes de reproduction. Je trouve ainsi des nappes de violettes, des massifs de campanules, des bleuets qui traversent tout le jardin, des myosotis qui se mêlent partout à l'herbe, des tapis de pâquerettes, des pensées qui pointent jusqu'au milieu des pavés, des asters débarqués de je ne sais où, des pavots rouges, orange ou mauves arrivés sans crier gare. Celles-là me ravissent.

La satisfaction de mettre un nom sur une des belles inconnues qui jalonnent l'endroit tient du soulagement métaphysique. Le plaisir de la découverte réside aussi dans le fait de démasquer une plante. Ainsi j'ai enfin levé l'anonymat de ma fameuse plante antitaupes, cette intrigante d'abord choyée puis détestée qui pousse ses rejetons comme des pions dans tout mon jardin et fomente Dieu sait quels complots. Il fut une année où, la prenant pour un câprier sauvage, j'en avais mis les baies à confire dans du vinaigre. Une façon comme une autre de limiter leur prolifération. Avant que la fantaisie m'en eût pris d'y goûter ou d'en proposer à quelque audacieux, je trouvai sa véritable identité : euphorbe, de l'espèce *latyrus*, dite encore épurge, dont les graines sont réputées vénéneuses. Maintenant que je la connais, je peux l'arracher en toute sérénité. Pour faire place à d'autres.

Finalement, j'aimerais cultiver un jardin pour lui permettre de redevenir sauvage. Mais en plus riche, en plus frais. Eliminer les herbes les plus vindicatives, orties, ronces ou lierre, pour laisser la place aux champêtres, quitte à leur forcer un peu la main. L'année prochaine, c'est décidé, j'abandonne la culture des légumes et, à l'emplacement du potager, je sèmerai des fleurs sauvages, celles que je ne connais pas encore et que j'irai saluer en premier, le matin.

L'entente cordiale

Mes interventions jardinières passent ainsi du stade de la guerre ouverte à celui des négociations. Mes plantes paraissent moins sujettes aux maladies, ce qui nuance mon contentement d'incompréhension. Peut-être fais-je moins d'erreurs mais, quand j'en évite ici, j'en invente ailleurs. Peut-être le temps est-il aux parasites moins virulents, pour des raisons tout à fait étrangères. Et peut-être est-ce simplement notre cohabitation qui commence à prendre forme.

Cette explication me flatte. Je m'imagine que d'avoir respecté les plantes, en ne recourant pas à la brutalité désordonnée des traitements chimiques, les a d'abord choquées comme une grande négligence à leur égard. Et puis, élevées à la dure, d'un effort l'autre, elles en ont acquis une constitution plus résistante et ne s'en laissent plus conter par leurs ennemis, du moins celles qui n'en meurent pas. Elles s'habituent, trouvent peut-être autant de plaisir à ma compagnie que moi à la leur. Elles se montrent d'humeur plutôt gaie. Petit à petit, lentement, le jardin s'équilibre.

Tout l'été et l'automne et jusqu'à ce que le froid les anéantisse les coccinelles sont venues en foule, beaucoup plus nombreuses que les années passées. Certes, les coccinelles ne limitent guère que les pucerons. Mais on dirait qu'après les premiers désastres, les bouderies, les révoltes contre mon intrusion et mon inexpérience, le jardin pose doucement l'esquisse d'une certaine sérénité. Les parasites et leurs prédateurs commencent à faire des comptes justes.

Çà et là, les maladies étoilent encore de vilains gris, de racorni, de blanc moisi une plante ou un arbre. Elles me paraissent toujours aussi difficiles à diagnostiquer. Mais j'affecte désormais une certaine indifférence et ne leur donne plus que des prénoms simples : c'est la jaunisse ou la cloque, la morve, la rouille ou le blanc. Et quand la plante ne s'en remet pas, fataliste, je dis qu'elle se meurt de langueur.

Les plantes suivent mon humeur, avec une telle souplesse, une telle indifférence que je ne peux que les imiter. Quand tout va mal et que le courage me manque pour tailler même un rosier ou râcler la moindre allée, je m'assois. Le temps d'une cigarette pour rêver, laisser couler le vent. Alors, les oiseaux m'oublient, s'ébrouent et reprennent leur ballet. Alors le seringa me fait remarquer qu'il va bientôt fleurir. En signe de connivence il agite un peu ses branches si souples, histoire de montrer que, lorsque les boutons auront éclos, il les agitera pareillement pour balancer son parfum le plus loin possible. Histoire que je n'oublie pas comme il laissera flotter puis tomber légèrement des nuées de pétales si blancs.

Petit à petit, le jardin impose son calme et son rythme, son égoïsme, là où je voulais faire montre d'autorité. Qu'importe après tout que le parterre de soucis s'emmêle de renoncules, de mauves, de julienne ou de compagnons blancs ! Des fleurs et des feuilles poussent et continueront à pousser avec ou malgré moi. C'est ce que me racontent les arbres et les herbes quand je me laisse aller à égrener les minutes avec eux.

Les fleurs de mouron s'ouvrent, signe de pluie. Ou le contraire ? Celle-là qui s'entête à grimper le long du mur, une morelle noire, je ne la regarde plus comme un adversaire à abattre. Elle a sa place ici, autant et plus que l'hortensia à l'air éternellement dépaysé, mal aimé. Mais toutes, les sauvages comme les cultivées, me raillent quand je m'escrime avec la binette, me décourage et ne vois pas plus loin que le bout de la saison à passer. Il suffit de voir comme les rejets du lilas se groupent en bouquets, comme les fleurs attendent que le soleil se fasse oblique pour briller. Alors on sait qu'elles ne se font belles qu'à leur convenance, binette ou pas binette.

Jardin en hiver

Silence figé, fêlé du cri des corbeaux, ce matin mon jardin se raidit sous le givre. Juste un bruit de papier déchiré quand les pieds écrasent l'herbe. Froissements, fissures, des grandes flaques d'empreintes apparaissent plus sombres là où les semelles ont pesé. Marcher est un sacrilège. Lentement, le soleil tire une couverture ici ou là, s'amuse, comme un réactif, à mettre des touches moins pâles.

Matin en gris et blanc avant l'arrivée du soleil. Au milieu du gris, le blanc de l'herbe et des arbustes, saturé de brillants. Certaines plantes accrochent le givre de toutes leurs forces, d'autres sortent d'un bain de peluche, les tristes restent tristes.

Sur le sapin, rescapé d'un Noël passé et qui a bien du mal à se persuader qu'il faut verdir et non jaunir, la toile d'araignée a grossi, tendue à l'extrême. Elle tire de toutes ses forces. On dirait les cordages d'un mât, empoissés d'embruns blancs, ils suivent l'élargissement des branches vers le bas, s'agrippent comme pour replier la voilure.

Le givre ne recouvre pas les plantes, il les transforme, les démaille et les retisse selon d'autres dessins. Les herbes ont chacune leur façon de retenir le givre. Certaines ourlées, d'autres saupoudrées, duvetées, à points de chaînette ou à gros traits. Les cristaux s'encastrent en anneaux, s'agglomèrent ou se juxtaposent, éclats de verre ou roses des sables.

Le soleil amène sa traîne de brouillard, cocon vide et serein qui se fiche du temps qui passe. Pas de vent, ni mouvement, ni bruit. Au-dessus des paillettes transparentes, le brouillard se fait givre de l'air. J'aime ce jardin en pelisse de froid. Si je ne bouge pas, l'hiver viendra peut-être se poser aussi sur moi.

Pendant la nuit, le givre a fondu. Le jardin se réveille tout bête. Bête et laid, vieux. De la fête, ne restent que des brimborions, des salissures. Là où, la veille, tout s'intégrait dans une harmonie somptueuse et clinquante, des objets, des bouts d'objets, reprennent leur identité. Les reliquats de couleur, épars et déliés, deviennent vulgaires. Aplati, bouffi, le jardin s'enlaidit, montre ses restes d'été, ses dévêtures. Le givre avait tiré sur ce désordre un rideau délicat et vieillot, d'un goût exquis. Des bouts de bois, des cailloux, des tranchures d'herbe fanée et de grosse terre, la campagne est redevenue une cour de ferme.

Mon jardin n'est plus qu'un jardin en hiver, avec ses nuances de gris, de vert passé, les coins de pagaille, le ménage non fait, les mille détails qui s'étaient fait oublier pour une journée de grâce. Je retrouve mes arbres en squelette, mes arbustes familiers. Je guette les premiers doigts des perce-neige, là où je sais qu'elles aiment monter leur périscope, je vérifie que la branche trop lourde du prunier ne s'est pas cassée, je m'assure que le laurier ne souffre pas. En coulisses, le grand chambardement du printemps prépare son entrée en scène.

Déjà les plantes se réveillent. Et c'est comme si, à moi qui me sens exilée de la vie, elles m'en donnaient des nouvelles.

Table

Carnets d'un jardin

Impression réalisée sur CAMERON par
BRODARD ET TAUPIN
La Flèche

pour le compte des Éditions Grasset
61, rue des Saints-Pères, 75006 Paris
en mars 1994

Imprimé en France
Dépôt légal : mars 1994
N° d'édition : 9404 – N° d'impression : 1361 J-5
ISBN : 2-246-48921-0